中国聪明孩子爱玩的
思维游戏

本书编写组◎编

ZHONGGUO CONGMING
HAIZI AIWAN DE
SIWEI YOUXI

世界图书出版公司
广州·北京·上海·西安

图书在版编目（CIP）数据

中国聪明孩子爱玩的思维游戏／《中国聪明孩子爱玩的思维游戏》编写组编．—广州：广东世界图书出版公司，2010.4（2024.2重印）

ISBN 978－7－5100－1981－4

Ⅰ．①中… Ⅱ．①中… Ⅲ．①智力游戏－青少年读物 Ⅳ．①G898.2

中国版本图书馆CIP数据核字（2010）第049990号

书　　名	中国聪明孩子爱玩的思维游戏 ZHONGGUO CONGMING HAIZI AIWAN DE SIWEI YOUXI
编　　者	《中国聪明孩子爱玩的思维游戏》编写组
责任编辑	柯绵丽
装帧设计	三棵树设计工作组
出版发行	世界图书出版有限公司　世界图书出版广东有限公司
地　　址	广州市海珠区新港西路大江冲25号
邮　　编	510300
电　　话	020-84452179
网　　址	http://www.gdst.com.cn
邮　　箱	wpc_gdst@163.com
经　　销	新华书店
印　　刷	唐山富达印务有限公司
开　　本	787mm×1092mm　1/16
印　　张	10
字　　数	120 千字
版　　次	2010年4月第1版　2024年2月第10次印刷
国际书号	ISBN　978-7-5100-1981-4
定　　价	48.00元

前 言

思维游戏是训练思维的最好方式之一，对孩子的成长有着不可或缺的作用。多年的经验业已证明，无论多么杰出的教育都比不上游戏对孩子智力的影响。你可以努力读书，掌握大量的知识，但是知识的拥有量并不能决定你大脑的聪慧度。

爱因斯坦26岁提出狭义相对论，贝尔29岁发明了电话，西门子19岁发明了电镀术，巴斯16岁完成了关于圆锥曲线的名著……

这些名满天下的世界级人物做出的伟大发明、发现并不是建立在知识的拥有量上，只因他们有着非同常人的聪慧大脑，有着别样的思维方式。一个人智力的高低有90%取决于这个人以何种方式思考，只有10%取决于他的知识拥有量，这不是夸大其词，更不是谬论，这是科学的论断，是经得起考验的。

其实，我们的先人早已知道这个道理，“授人以鱼，不如授人以渔”说的就是方法的重要性。

聪明就是思维方式的超越，每个人的思维方式都是有盲区的，都可能被无意识地限制在已知的范围内。在这个既定的范围内考虑、解决问题，无疑是有一定的局限性的，而聪明人之所以聪明就是他们会打破思维框框的束缚，跳出既定范围的羁绊，别出心裁，另辟蹊径，以非常规的方法方式考虑、解决问题。

基于此，本书精心选编了几百个思维游戏，分为数字迷宫、图形魔方、逻辑谜题、文字探幽、玩转思维五个部分。本书最大的特点之一，就是具有针对性，主要针对那些思维超前、反应灵敏的孩子，为他们而设。相信这些益智游戏会让这些聪慧孩子的头脑更加清晰，思维更加开阔，在游戏中变得更加聪明。

目 录

数字迷宫

图形魔方

逻辑谜题

文字探幽

玩转思维

数字迷宫

别致的算式

已知 12345679 × 9 = 111111111；12345679 × 18 = 222222222。那么，你能否不用计算，就在下面的括号中填入合适的两位数，使等式成立？

12345679 × (　　　) = 333333333

12345679 × (　　　) = 444444444

12345679 × (　　　) = 555555555

12345679 × (　　　) = 666666666

12345679 × (　　　) = 777777777

12345679 × (　　　) = 888888888

12345679 × (　　　) = 999999999

提升指数：★★☆☆☆

奇妙幻方

幻方是起源于我国的一种填数字游戏，而三阶幻方就是在 3 × 3 的方格内，填上 1 ~ 9 个数，使它的每行、每列和两条对角线上的 3 个数之和都相等。这可不是一件容易的事情，聪明的你能填出来吗？

提升指数：★★☆☆☆

与众不同

正方形中哪个数字与众不同？为什么？

42	15	63	6
9	81	33	21
96	16	12	48
18	60	3	90

提升指数：★★★☆☆

数字问号

用从 1 到 5 的数字填写这个正方形图表，使任何横向、纵向或对角线的 5 个方块使用同一个数字不超过一次。取代问号的应该是什么数字？

1	2		4	5
				3
?				

提升指数：★★★☆☆

数字矩阵

观察这个矩阵，填上未给出的数字。

1	1	1	1
1	3	5	7
1	5	13	25
1	7	25	?

提升指数：★★☆☆☆

梯形数塔

这是考古学家在埃及金字塔内的壁刻上发现的一个有趣的梯形数塔，其中各行所乘的数字相同，而且各行的待加数字也是有一定变化规律的，试着把它填好吧。

9 × ？ + ？ = 88

98 × ？ + ？ = 888

987 × ？ + ？ = 8888

9876 × ？ + ？ = 88888

98765 × ？ + ？ = 888888

987654 × ？ + ？ = 8888888

9876543 × ？ + ？ = 88888888

98765432 × ？ + ？ = 888888888

提升指数：★★★☆☆

抢30

汤姆和查理玩一种叫做“抢30”的游戏。游戏规则很简单：

第一个人从1开始，顺序报一个数或两个数，也就是说他可以只报1，也可以报1、2，但是不能报1、2、3，因为至多只可以报两个数，当然，也不可以一个数都不报。

第二个人接着第一个人报的数报下去，但至多也只能报两个数，比方说第一个人报的是1，则第二个人可以报2，也可以报2、3，如果第一个人报了1、2两个数，则第二个人可以报3，也可以报3、4。

接下来仍由第一个人接着报，如此轮流下去，规定谁先报到30谁胜利。

汤姆很大度，每次都是让查理先报，但每次都是汤姆胜利。查理觉得这其中一定有什么问题，于是坚持要汤姆先报，但结果几乎每次还是汤姆胜利。

你知道汤姆胜利的策略是什么吗？

提升指数：★★★☆☆

和为27

准备分别写有数字1、2、3、4的卡片各7张，摊在桌子上。两人参加游戏，轮流各取1张卡片。当两人所取的卡片上数的和是27时，最后取得卡片的一方获胜。

为了获胜，该怎么取卡片？

提升指数：★★☆☆☆

九子成百

下面这个问题渊源已久，可是却一直不停地出现在讨论数学游戏的书中，好像从来没有被分析过似的。问题是：依1、2、3、4、5、6、7、8、9的顺序写下这些数字，再加上一些运算符号使整个等式等于100。运算符号可以随心所欲地使用。如果运算符号只限于“+”或“-”，问题可能稍微难些，但是也有许多答案，试试看吧。

1 2 3 4 5 6 7 8 9 = 100

提升指数：★★★☆☆

“40” 的妙用

考虑 1 ~ 40 这 40 个数，试着将其中的每个数字表示成其他数字的和或差——比如，3 可以表示成 1 + 2，也可以表示成 4 - 1。

你能否找出 4 个数字，每个数字单独或与其他 3 个数字的部分或全部组合，就可以表示 1 ~ 40 的每个数字？然而，在每个组合中，任意给定的数字只能出现一次——比如，5 + 5 是不允许的。要检查你的答案，在下表中填入不同的组合。

=1	=21
=2	=22
=3	=23
=4	=24
=5	=25
=6	=26
=7	=27
=8	=28
=9	=29
=10	=30

续表

=11	=31
=12	=32
=13	=33
=14	=34
=15	=35
=16	=36
=17	=37
=18	=38
=19	=39
=20	=40

提升指数：★★★☆☆

八张牌

你能否仅交换两张牌，就使得下图两列数字之和相等？

提升指数：★★☆☆☆

数硬币

假设有 1 元一枚的硬币共 1 亿枚，让你一个人把它们全部数完，需要多少天？

提升指数：★★☆☆☆

快速口算

53×57=?

不用笔算，你能一眼看出来吗？

提升指数：★★☆☆☆

5 个“1”和 5 个“5”

用 5 个“1”加上运算符号，编一个得 100 的等式。同样用 5 个“5”也能编出，试一试。

提升指数：★★☆☆☆

规律数字

你能找出这个数列背后的规律，并填上未给出的数吗？

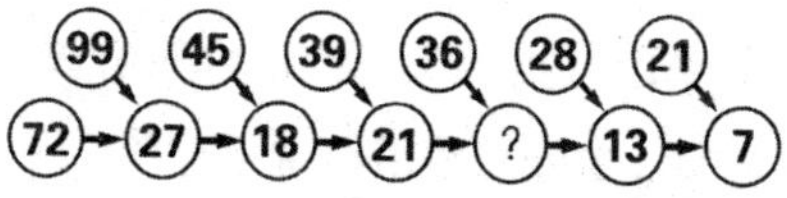

提升指数：★★★☆☆

神奇的 37

37 是个奇妙的数，用 3 乘得 111；用 6 乘得 222；用 9 乘得 333。那么请你立即回答用 18 乘以 37 得多少？用 27 乘以 37 又得多少？

提升指数：★★☆☆☆

巧变数字“4”

这个问题已经有上百年的历史了，内容是：你能否仅用数字 4 的组合就可以表示 0 到 10？你可以用任何基本数学运算（加法、减法、乘法、除法和括号），而且你可以用任意多的 4。但要找出每个数字最简单的表示方法。

提升指数：★★☆☆☆

火柴游戏

下面是用火柴摆成的数学式子，虽然里面有一个等号，但实际上两边并不相等。只许移动一根火柴，使它变成正确的等式。应该移动哪一根？

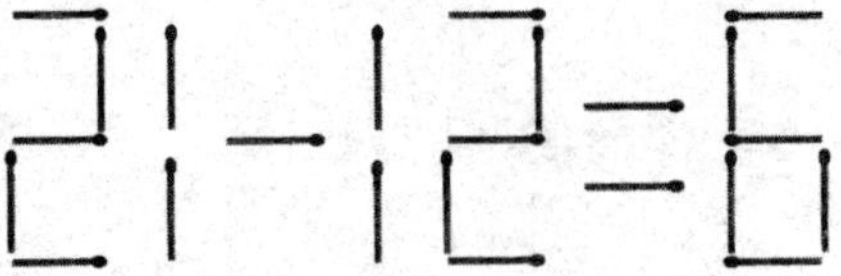

提升指数：★★☆☆☆

纸牌游戏

有 9 张纸牌，分别为 1 ~ 9。甲、乙、丙、丁 4 人取牌，每人取两张。现已知甲取的两张牌之和是 10；乙取的两张牌之差是 1；丙取的两张牌之积是 24；丁取的两张牌之商是 3。

请说出他们 4 人各拿了哪两张纸牌，剩下的一张又是什么牌？

提升指数：★★★☆☆

花瓣游戏

有两个女孩摘了一朵有着 13 片花瓣的圆形的花，两人可以轮流摘掉一片花瓣或相邻的两片花瓣。谁摘掉最后的花瓣谁就是赢家，并以此来预测未来的婚姻是否幸福。实际上只要掌握一定的技巧，就能让自己永远都是赢家。

你知道怎样才能在这场游戏中取胜吗？先摘还是后摘？应采取怎样的技巧呢？

提升指数：★★★☆☆

变换卡片

在桌子上并排放由 3 张数字卡片组成三位数字 216。如果把这 3 张卡片的方位变换一下，则组成了另一个三位数，这个三位数恰好用 43 除尽。它们是什么数，怎样变换？

提升指数：★★★☆☆

假币谜题

有 10 堆银币，每堆 10 枚。已知一枚真币的重量，也知道每枚假币比真币重 1 克，而且你还知道这里有一堆全是假币，你可以用一架台式盘秤来称克数。试问最少需要称几次才能确定出假币？

提升指数：★★★☆☆

硬币的数量问题

某人喜欢收藏硬币。他把 1 分、2 分、5 分的硬币分别放在 5 个一样的盒子里，并且每个盒子里所放的 1 分的硬币数量相等，2 分的硬币数量也相等，5 分的硬币数量也相等。

他没事的时候拿出来清点，把 5

盒硬币都倒在桌子上，分成4堆，每一堆的同种面值的硬币的数量都相等。然后把其中两堆混起来，又分成3堆，同样每一堆里的同种面值的硬币数量相等。好了，问题来了，你知道他至少有多少个1分、2分和5分的硬币吗？

提升指数：★★★☆☆

抛硬币的概率

李美写完作业，就随手拿了一枚硬币向上抛着玩。她抛了15次，每次都是正面朝上。如果她再抛一次，正面朝上的概率是多少？

提升指数：★★☆☆☆

加薪方案

在年终总结大会上，公司公布了两个加薪方案：第一个方案是12个月后，在20000元年薪的基础上每年提高500元；第二个方案是6个月后，在20000元年薪的基础上，每半年提高125元。不管选哪一种方案，公司都是每半年发一次工资。

员工对这两种方案议论纷纷，支持哪一个的都有。

如果你是工会代表，那么你应该向职工推荐哪一个方案呢？

提升指数：★★☆☆☆

中奖的几率

一种奖品为高级小轿车的彩票一共发行了120张。

有一对情侣非常渴望得到这辆车，因此购买了90张彩票。

请问他们不能赢到这辆车的概率是多少？

提升指数：★★★☆☆

长长的数列

观察下面这个数列。你能填入下一个数字吗？

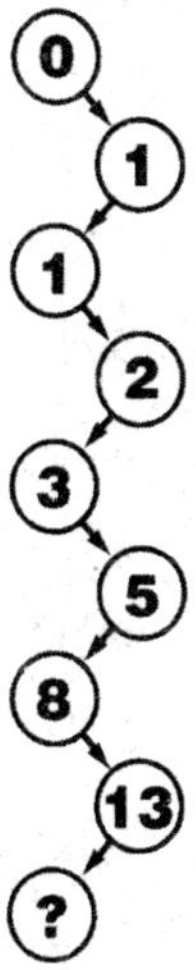

提升指数：★★☆☆☆

数字魔圈

这里有4个相关联的大圆圈，要求在所有的空白处（小圈内）填上适当的数，使各个大圈包含的数相加的和都彼此相等。

提升指数：★★★☆☆

哥尼斯堡七桥

哥尼斯堡这座城市有两个岛屿(下图中的A和B)，及连接它们的七座桥。岛与河岸之间架有六座桥，另一座桥则连接着两个岛。当时，居民们有一项普遍喜爱的消遣，就是在一次行走中跨过全部七座桥而不许重复经过任何一座桥，但是没有人成功。请问，有没有一种可能在一次行走中走过全部七座桥而不重复经过任何一座？

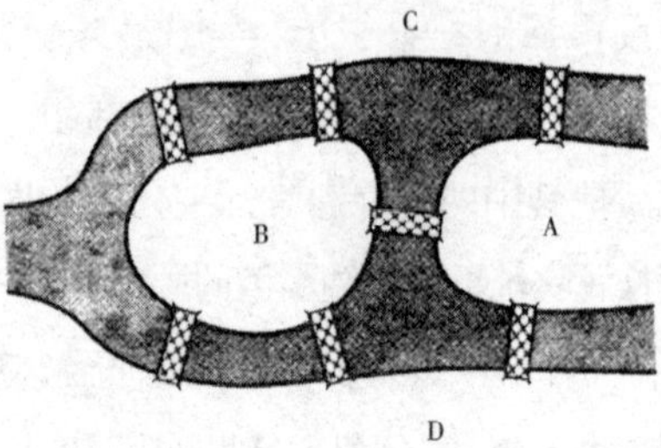

提升指数：★★★★☆

牛吃草的问题

牛顿自己出了一道著名的牛在牧场上吃草的题：有一片牧场如果放牧27头牛，6个星期可以把草吃光，如果放牧23头牛，9个星期可以把草吃光。如果放牧21头牛，几个星期可以把草吃光呢？

提升指数：★★★★☆

厨师煎蛋

有5个厨师在5分钟内煎好5个鸡蛋。按这样的比例，在100分钟内煎好100个鸡蛋，一共需要多少个厨师？

提升指数：★★☆☆☆

狱卒发粥

一个狱卒负责看守众多的囚犯，

吃饭分粥时，他必须安排他们的座位。入座的规则如下：

（1）每张桌子所坐的人数必须是奇数。

（2）每张桌子上坐的囚犯人数要相同。

在囚犯入座后，狱卒发现：

每张桌子坐9人，就会多出8人。

每张桌子坐7人，就会多出6人。

每张桌子坐5人，就会多出4人。

每张桌子坐3人，就会多出2人。

但当每张桌子坐11人时，就没有人多出来了。

请问一共有多少个囚犯？

提升指数：★★☆☆☆

两人分钱

甲、乙两位牧民在一起吃饭，甲拿出5个苹果，乙也拿出3个苹果。这时来了一位路人，肚子饿得厉害，与他们商量说："我把仅有的8块钱全给你们，与你们一起吃掉苹果如何？"两人觉得这主意不错，于是三人一起高兴地将苹果平分吃光了。

路人走后，两位牧民却为8块钱的分配争起来了。乙说："我拿出了3个，你拿出了5个，因此你该得5块钱，我该得3块钱。"甲说："不对！如果将钱平分，每人该得4块钱，但是我比你多出了两个，因此你应再让出两块钱。"

请问，两个人到底谁对？甲、乙实际应得多少钱？

提升指数：★★☆☆☆

三家分苹果

有张三、王四、李五3家，商定9天之内每家各打扫3天楼梯。由于李五家有事，没能打扫成，而由张三家打扫了5天，王四家打扫了4天。李五家买了4.5千克苹果以表谢意。

按张三、王四家所付出的劳动，应该怎样分配这4.5千克苹果？

提升指数：★★☆☆☆

农夫卖油

有一个农夫用一个大桶装了12千克油到市场上去卖，恰巧市场上两个家庭主妇分别只带了5千克和9千克的两个小桶，但她们买走了6千克的油，而且一个矮个子家庭主妇买了1千克，一个高个子家庭主妇买了5千克，更为惊奇的是她们之间的交易没有用任何称量的工具。你知道她们是怎么分的吗？

提升指数：★★★☆☆

强盗分赃

5个海盗抢到了100颗同样大小且价值连城的宝石。他们决定这么分：

用抽签的办法决定自己的号码(1，2，3，4，5)。

首先，由1号提出分配方案，然后5人进行表决，当且仅当超过半数的人同意时，才能按照他的提案进行分配，否则1号将被扔入大海喂鲨鱼。

1号死后，再由2号提出分配方案，然后4人进行表决，当且仅当超过半数的人同意时，才能按照他的提案进行分配，否则像1号一样，他将被扔入大海喂鲨鱼。其他的分配方法以此类推。

因为每个海盗都是很聪明的人，所以都能很理智地判断得失，做出选择。他们的判断原则是：保命，尽量多得宝石，尽量多杀人。

请问第1个海盗提出怎样的分配方案才能够使自己的收益最大化？

提升指数：★★☆☆☆

公主的年龄

一位慈爱的国王送给自己喜爱的三位公主共24颗宝石。这些宝石如果按三位公主3年前的岁数来分，可以正好分完。

小公主在三位公主中最伶俐，她提出建议："我留下一半，另一半给姐姐平分。然后二姐也拿出一半让我和大姐平分。最后大姐也拿出一半让我和二姐平分。"两位姐姐稍加思索便同意，结果三位公主的宝石一样多。你能算出三位公主各是多大吗？

提升指数：★★☆☆☆

国王领兵

国王要领兵出征，出发前要进行一次检阅，他命令士兵每10人一排排好，谁知排到最后缺1人。国王认为这样不吉利，改为每排9人，可最后一排又缺1人，改成8人一排，仍缺 1 人，7 人一排缺 1 人，6 人一排缺 1 人……直到 2 人一排还是凑不齐。国王非常懊恼，以为老天跟自己过不去，不到 3000 人的队伍怎么也排不齐，只好收兵作罢。难道真是老天在作怪吗，还是有人在做恶作剧？为什么国王的兵数老凑不成整排呢，你能猜出一共是多少士兵吗？

提升指数：★★★☆☆

方丈的念珠

方丈脖子上的一串念珠是 100 多颗。方丈拿在手里，3 颗一数，正好数尽；5 颗一数，余 3；7 颗一数，也余 3。你能猜出念珠的总数吗？

提升指数：★★☆☆☆

伪慈善家

慈善家洋洋得意地说："在上个星期，我把 50 枚银元施舍给 10 个可怜的人。我不是平分给他们的，而是根据他们困难的程度进行施舍。因此，他们每个人得到银元的枚数都不相同。"一个聪明的青年听了很生气，说："你是一个伪慈善家，你说的全是谎话！"这个青年为什么这样说？根据是什么？

提升指数：★★☆☆☆

翻墙的蜗牛

一只蜗牛和壁虎打赌，说自己肯定能翻过一堵 20 米高的墙。蜗牛每天白天能向上爬 3 米，但是在晚上睡觉时会向下滑 2 米。

如果蜗牛从一边的墙脚出发，要几天才能翻过这堵墙，到达另一边的墙脚？

提升指数：★★☆☆☆

多少蚂蚁兵

一只蚂蚁发现一条虫子死了，立刻回窝唤来 10 个伙伴，却搬不动。这些蚂蚁全部回窝又各招 10 个伙伴，还是搬不动。蚂蚁们又全部回窝各自搬来 10 个兵，仍然搬不动。蚂蚁们坚定不移，又各自回去搬兵，每只招来 10 个，终于把虫子拉到了家。你算一下，一共出动了多少蚂蚁兵？

提升指数：★★☆☆☆

没法分的马

从前，有一个老汉，临死前对三个儿子说："我不行了。咱们家只有17匹马，我死后，老大分1/2，老二分1/3，老三分1/9，但都必须分得活马。"老汉死后，兄弟三人安葬了父亲，便来到马圈，按老人的遗嘱分马。但是他们怎么分也分不对，兄弟三个一筹莫展，谁也没有办法。

正在这时，一个邻居骑马路过这里，看到他们愁眉苦脸的样子，便上前问道："兄弟仨这般发愁，为了何事？"三兄弟把父亲的临终嘱咐和分马的难处告诉了他。这个邻居略一沉思，就想出了一个分马的好办法。

邻居的办法果然很好，三兄弟按老人的嘱咐分得了各自应得的马。你知道邻居是用什么办法把马分开的吗？

提升指数：★★★☆☆

保险柜的密码

一位强盗溜进了一位富翁的家，并在地下室找到了秘密保险柜。事先这位强盗就如何破密码一事请教了一位高人。这位高人告诉他："开保险柜之前，要转动密码锁里圈的数字盘，只有在里圈的数字与外圈的数字相加，每组数字之总和都相同时才能打得开。"

这位强盗不擅运算，越算越糊涂，怎么也打不开保险柜。事实上，只要将外圈的5和内圈的另一个数加在一起，里外的每组数之和就会相同。你知道这个数是几吗？

提升指数：★★★☆☆

关于帽子的赌博

6个人在剧院寄存处寄放了他们的帽子。但服务员把他们的顺序搞混了。如果现在有人和你打赌，说至少有一个人能拿到他自己的帽子他就给你钱，这个赌你打吗？

提升指数：★★☆☆☆

分金条

一个守财奴生前积累了很多的金条，可他到临死的时候也舍不得分给儿子们。为此，他写了一份难解的遗嘱，要是解开了这个遗嘱，就把金条分给他们，要是没有解开，金条就永远被藏在无人知晓的地方。他的遗嘱是这样写的：我所有的金条，分给长子1根又余数的1/7，分给次子2根又余数的1/7，分给第三个儿子3根又余数的1/7……以此类推，一直到不需要切割地分完。聪明的读者，你能算出守财奴一共有多少根金条，多少个儿子吗？

提升指数：★★☆☆☆

绕地球飞行

某航空公司有一个环球飞行计划，但有下列条件：每个飞机只有一个油箱，飞机之间可以相互加油（没有加油机）；一箱油可供一架飞机绕地球飞半圈。为使至少3架飞机绕地球一圈回到起飞时的飞机场，至少需要出动几架次飞机（包括绕地球周的那架在内）？

注意：所有飞机从同机场起飞，而且必须安全返回机场，不允许中途降落，中间没有飞机场。加油时间忽略不计。

提升指数：★★☆☆☆

脚踏车比赛

维斯城有兄弟四人是双轮脚踏车赛的冠军，他们总是在4个长为1/3千米的椭圆形轨道上进行赛前练习。兄弟4人从中午开始每人沿着一个轨道进行骑车练习，他们各自的速度分别为每小时6千米、9千米、12千米以及15千米。直到他们第4次在圆圈中央相遇时才停下来。

那么，他们需要骑多长时间呢？

提升指数：★★☆☆☆

最短时间过桥

在漆黑的夜里，4位旅行者来到了一座狭窄而且没有护栏的桥边。如果不借助手电筒的话，大家是无论如何也不敢过桥去的。不幸的是，4个人一共只带了一只手电筒，而桥窄得只够让2个人同时通过。如果各自单独过桥的话，4人所需要的时间分别是1分钟、2分钟、5分钟、8分钟；而如果2人同时过桥，所需要的时间就是走得比较慢的那个人单独行动时所需的时间。请你设计一个方案，让他们用最少的时间过桥。

提升指数：★★☆☆☆

至少是多少

某中学在高考前夕进行了4次数学摸底考试，成绩一次比一次好：第一次得80分以上的比例是70%；第二次是75%；第三次是85%；第四次是90%。请问在4次考试中都得了80分的学生的百分比至少是多少？

提升指数：★★☆☆☆

还剩多少页

哥哥去西单买了一本工具书，有200页厚。他要用到书中从第3～12页共10页的资料，就把它们撕了下来。另外，书的第56～75页共20页也有重要的资料，他又把它们撕了下来。

请问这本书还剩多少页？

提升指数：★★☆☆☆

赚了还是亏了

学校快开学了，妈妈给小彼得两张50元的钞票，让他去商店里买文具。他一共买了10块钱的橡皮擦、10块钱的铅笔、3张4块钱一张的纸。付完账，老板找了小彼得65元钱。

你知道小彼得是多赚了钱呢，还是被坑了钱呢？

提升指数：★★☆☆☆

走了多少米

有一位喜欢在林荫道上散步的智者，他让弟子们这样栽种树木：沿直线先朝东栽100米，接着朝北栽100米，然后朝西栽100米，然后朝南栽98米、朝东98米、朝北96米、朝西96米等等，如此栽下去。最后，他便得到了两排树木之间的一条2米宽的林荫道。

智者很喜欢沿着这条林荫道边散步边思考哲学，一直走到这条林荫道的中心。那么，智者一共走了多少米？

提升指数：★★☆☆☆

怎么样做才公平

3名学生参加了学校组织的野

外训练营。第一天中午吃饭时，李美拿出 5 个面包，王里拿出 3 个面包。张伟没有带面包，想与李美和王里一起分吃面包，并表示愿意按照面包的价格付钱，得到李美、王里的同意。于是 3 人平分了所有的面包。

吃完后，张伟一共给李美、王里 8 角钱。王里给李美 5 角钱，但李美认为她应该得到 7 角钱，王里只该得 1 角钱才公平。

你认为李美的观点对吗？

提升指数：★★☆☆☆

到底是星期几

如果今天的前 5 天是星期六的前 3 天，那么后天是星期几？你能猜出来吗？

提升指数：★★☆☆☆

打铁罐比赛

集市上的“办得到”货堆上摆着 9 个铁罐，每个上面都标有一个数字。每三个垒在一起（见下图）：

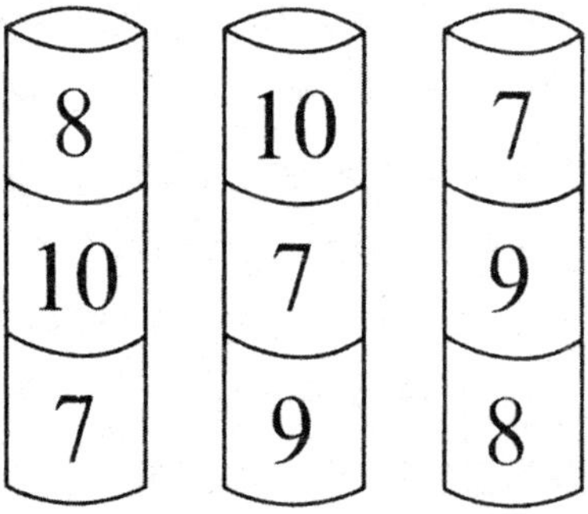

比赛者每人只许打 3 枪，每枪只许打落一个铁罐，如果一枪打掉了 2 个或 2 个以上的铁罐，就算失败了。比赛者打掉第一只铁罐后，这个被打掉的铁罐上的数字就是他所得的分数；打掉第二个铁罐，他得到的分数是被打掉的第二只铁罐上的数字的 2 倍；第三个铁罐被打掉后，他所得分数是这个罐上的数字的 3 倍。三枪所得分数之和必须正好是 50 分——一分不多，一分不少，才能得奖。

聪慧的你给比赛者出出主意，应该打掉哪三个铁罐？按什么顺序打？

提升指数：★★★☆☆

沙漏计时

（1）有 6 分钟和 8 分钟的沙漏各一只，打算用这两个沙漏测出 10 分钟的沙子。假定沙子的下落速度与计时器颠倒过来是一样的，颠倒过来所需的时间可忽略不计。请问如何办？

（2）煮一个鸡蛋15分钟，而手边只有7分钟和11分钟的沙漏各一个，能想出什么办法利用这两个沙漏计时15分钟呢？假定沙子的下落速度与计时器颠倒过来是一样的，颠倒过来所需的时间可忽略不计。

提升指数：★★☆☆☆

鸡兔同笼

“鸡兔同笼”是我国古代流行的一道传统数学题。

（一）

鸡兔同笼不知数，
三十六头笼中露，
数清脚共五十双，
各有多少鸡和兔？

（二）

鸡兔同笼不知数，
头数相同已告诉，
知道脚共九十只，
请问多少鸡和兔？

提升指数：★★★☆☆

壶中酒

有首诗这样描绘被称做诗仙、酒仙的李白一次饮酒赏花的情景：

李白无事街上走，提壶去买酒。
遇店加一倍，见花喝一斗。
三遇店与花，喝光壶中酒。
试问壶中原有多少酒？

怎样用一种简便的方法计算出原来壶中有多少酒？

提升指数：★★★☆☆

爱因斯坦巧算题

爱因斯坦因病住进了医院。他的朋友为了帮他解闷，给他出了一道乘法题，请他算一算：2987×2913=？

看上去这题并不难，只要细心地计算一下，一分多钟就可算出结果来。

爱因斯坦听完朋友的题目，马上就说出了得数：8701131。

你知道爱因斯坦有什么巧妙的速算方法吗？

提升指数：★★☆☆☆

爱迪生巧测灯泡体积

爱迪生在发明制造了第一个灯泡之后，继续研究如何提高灯泡的质量，延长使用寿命。有一天，爱迪生想研究一下灯泡的体积与灯泡的质量有没有关系。要想弄清这个问题，就必须测量出灯泡的体积，以检测它们的发光强度和使用时间有什么不同。

爱迪生让助手去测量一下灯泡的体积。他的助手接受任务后就忙着测量灯泡的直径、高度，然后再算出灯泡的体积。但由于灯泡形状很不规则，所以算了很长时间也没有算出来。但是爱迪生只用了几分钟，就把灯泡的体积测出来了。你知道爱迪生是如何测出灯泡的体积吗？

提升指数：★★☆☆☆

阿基米德的要求

古希腊国王与著名学者阿基米德下棋，结果国王输了，他问阿基米德有什么要求，阿基米德对国王说："棋盘上共有64个格，如果第一格放上一粒米，第二格放上第一格米数的2倍，第三格放上第二格米数的2倍……如此放下去，一直放到64格为止。我就要这些米的总数。"国王听了不假思索地满口答应。

请你帮助国王算一算，他该准备多少粒米送给阿基米德？

提升指数：★★★☆☆

刁藩都的年龄

刁藩都是古代希腊的一位数学家，他的年龄任何书上都没有明确的记载，他的生平更是无人知道。可是，在他的墓碑上却留下了关于他的生平的资料。这个墓碑写得很特别，像是一个谜语，又像是一道数学题目。乍看起来，仍是无法知道刁藩都的年龄，只有把这个数学题目列出方程来，才能揭开这位数学家年龄的秘密。

刁藩都的墓碑上是这样写的：

（1）过路人！这儿埋着刁藩都的骨灰，下面的数目可以告诉你他一生的寿命究竟有多长。

（2）他的生命的1/6是幸福的童年。

（3）再活了他寿命的1/12，颊上长起了细细的胡须。

（4）刁藩都结了婚，可是还不曾

有孩子，这样又度过了一生的1/7。

(5) 再过5年，他得了头生儿子，感到很幸福。

(6) 可是这孩子在这世界上的光辉灿烂的生命，只有他父亲的一半。

(7) 自从儿子死后，这老头在深深的悲痛中活了4年，他结束了尘世生涯。

现在请你算算这位著名的数学家究竟多大年龄离世的。

提升指数：★★☆☆☆

欧拉的问题

数学家欧拉提出了这样一个问题：一头猪卖$3\frac{1}{2}$银币，一头山羊卖$1\frac{1}{3}$银币，一头绵羊卖$\frac{1}{2}$银币。有人用100个银币买了100头牲畜。问猪、山羊、绵羊各几头？

提升指数：★★★☆☆

尼古拉钓鱼

尼古拉和派塔各自带着一个儿子去钓鱼，尼古拉钓的鱼条数的个位数字是2，他儿子钓的鱼条数的个位数字是3；派塔钓的鱼条数的个位数字也是3，他的儿子所钓的鱼条数的个位数字是4。他们所钓鱼的总数是某个数的平方。通过这些信息，你知道尼古拉的儿子是谁吗？

提升指数：★★☆☆☆

88888888 = 1000吗

这个式子是不可能成立的，但是只要你能在8个数字“8”中的合适位置加上“+”，等式就会成立。不妨开动脑筋试试看。

提升指数：★★☆☆☆

不翼而飞的100元

一天，三位好友一起到外地旅游，晚上住在当地的一家旅馆里。三人各拿出1000元付住宿费。后来老板知道她们三个是同乡，就只收了2500元的住宿费，于是叫服务生把500元拿去退给她们。但服务生一时起贪念，从中拿走了200元，只退给三人300元，每人各得100元。但是，$1000-100=900$，表示每个人实际上只出了900元。然而，$900\times3=2700$，表示三个人凑了2700元的房租。但是，2700 + 200 = 2900 元。请问还有 100 到哪里去了？

提升指数：★★☆☆☆

黑棋与白棋

如图所示，有两组图形，各由黑棋子与白棋子组成。问：怎样才能尽快地知道在这两组图形中各有多少黑棋子？

○●○○○●

●○○●○●

○○●○●○

○●●●●●

○●○○○○

○●○●●○

图一

○●●●●●

○○●●●●

●●●●○○

●●●●●○

●●○○●●

●●●●●●

图二

提升指数：★★☆☆☆

快慢不同的手表

有两只手表，一块手表 1 小时慢 2 分钟，另一块 1 小时快 1 分钟。当走得快的表和走得慢的表相差 1 小时时，这期间是多长时间？

提升指数：★★☆☆☆

奇怪的车牌号

数学家拉曼纽扬在医院养病，他的朋友来看他，并打趣说：“我坐的出租车号真乏味！”“是多少呢？”朋友回答：“1729。”拉曼纽扬来了精神：“不，不，1729 是个很有趣的数！你看，它可以写成 1000 + 729，1000 是 10 的立方，729 是 9 的立方，即 $1729 = 10^3 + 9^3$。不仅如此，1729 又能表示为另两个立方数的和。”你能想到是哪两个数吗？

提升指数：★★☆☆☆

倒走的钟表

有一台时钟出了毛病，它的时针行走如常，可是它的分针不仅倒着走，而且每小时走 80 分钟。已知 6 点半时时钟的显示是正确的，如图。请问下一次是在什么时候这台钟会再一次正确显示时间？

提升指数：★★★☆☆

钟表上的时间

根据规律，找出第 4 个钟上应该显示的时间。

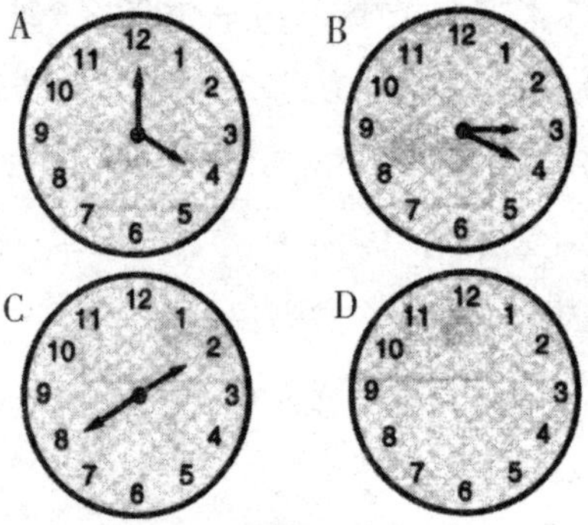

提升指数：★★☆☆☆

答案及解析

别致的算式

根据已知，很显然就可以知道：

$111111111 \times 3 = 333333333$

$111111111 \times 4 = 444444444$

$111111111 \times 5 = 555555555$

$111111111 \times 9 = 999999999$

所以就知道：

$12345679 \times 9 \times 3 = 333333333$

$12345679 \times 9 \times 4 = 444444444$

$12345679 \times 9 \times 5 = 555555555$

所以，正确答案就是 9×3；9×4；9×5；9×6；9×7；9×8；9×9。即为 27；36；45；54；63；72；81。

奇妙幻方

怎样填出这个方阵呢？我国宋朝著名数学家杨辉，对此有四句话：“九子斜排，上下对易，左右相更，四维挺出。”这句话可以用下图表示：

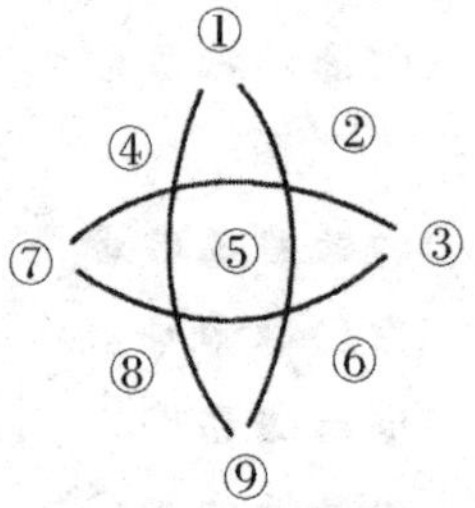

实际上，你只要这样想：$1 + 2 + 3 + \cdots + 9 = 45$；$45 \div 3 = 15$。即每行、每列、每条对角线 3 个数的和一定是 15。有 $1 + 9 = 10$，$2 + 8 = 10$，$3 + 7 = 10$，$4 + 6 = 10$，还剩一个 5。因此可以把 5 放在中间，然后逐次填出其他位置上的数就可以了。

最后答案是：

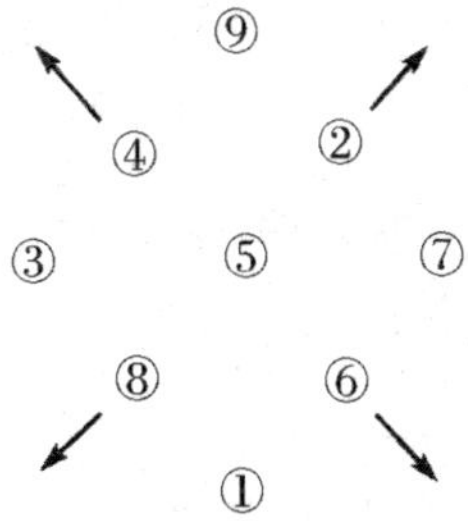

④	⑨	②
③	⑤	⑦
⑧	①	⑥

与众不同

答案为16。因为其他数字都能被3除尽。

数字问号

答案为3。

数字矩阵

对角线上的每个数都是它前一数与左右两数之和，根据这条规则，未给出的数字是63。

梯形数塔

各行所乘的数是9，各行待加的数字分别为7、6、5、4、3、2、1、0。

抢30

汤姆的策略其实很简单：他总是报到3的倍数为止。他之所以能做到这一点，是因为让查理先报。

假设查理先报，则根据游戏规则，他或报1，或者报1、2。如果查理报1，则汤姆就接着报2、3；如果查理报1、2，则汤姆就报3。无论哪种情况，汤姆总是能报到3为止。接下来，查理从4开始，按着数字顺序报一个数或两个数，汤姆则视查理的情况，接下去报一个或者两个数，结果又报到6这个3的倍数为止。依此类推，可以知道汤姆总能使自己报到3的倍数为止。由于30是3的倍数，所以汤姆总能报到30。所以查理没有赢的机会。

查理只是感觉到了汤姆的把戏，却并没有领会个中奥妙，因此，虽然后来让汤姆先报，但是不能有意识地报到3的倍数为止。而一旦他没有止于3的倍数，汤姆马上就抓住了机会，让自己止于3的倍数，以后查理就休想有翻盘的机会了。

和为27

原理与抢数游戏相同。27除以5（1+4=5）余数是2，所以每次所取的卡片，要使两人卡片上的数的和是“除以5余数为2”的数，即7，12，17，22，27。争取先拿，第1张拿2。如对方取3，你就再取2，2+3+2=

7；如对方接着取1，你就取4，使和为12。最后27必为你所得。

九子成百

这个问题的答案有几百种，下面这个可能是最常被引用的一个：

1+2+3+4+5+6+7+（8×9）=100

1+2+34−5+67−8+9=100

12+3−4+5+67+8+9=100

123−4−5−6−7+8−9=100

123+4−5+67−89=100

123+45−67+8−9=100

123−45−67+89=100

英国的数学游戏大师杜登尼更欣赏上面各答案中最后的一个。他说："最后这个答案是如此简短精致，我相信不可能有比这个更漂亮的答案了。"

这个问题虽然如此流行，但是令人想不到的是很少见到有人将数字的顺序颠倒过来做。那就是从9开始，写到1，中间再加上尽可能少的运算符号，直到等式之值为100为止。

将九个数字从9写到1再加上四个加减号便可以得到一个等于100的算式：98−76+54+3+21=100。

如果运算符号少于四个是无解的。

"40"的妙用

这4个数字是1，3，9和27。这个问题是一个很好的练习，以最小的数目取得最多的工作。

1	=1	27−9+3	=21
3−1	=2	27−9+3−1	=22
3	=3	27−3−1	=23
3+1	=4	27−3	=24
9−3−1	=5	27−3+1	=25
9−3	=6	27−1	=26
9−3+1	=7	27	=27
9−1	=8	27+1	=28
9	=9	27+3−1	=29

续表

9 + 1 = 10	27 + 3 = 30
9 + 3 − 1 = 11	27 + 3 + 1 = 31
9 + 3 = 12	27 + 9 − 3 − 1 = 32
9 + 3 + 1 = 13	27 + 9 − 3 = 33
27 − 9 − 3 − 1 = 14	27 + 9 − 3 + 1 = 34
27 − 9 − 3 = 15	27 + 9 − 1 = 35
27 − 9 − 3 + 1 = 16	27 + 9 = 36
27 − 9 − 1 = 17	27 + 9 + 1 = 37
27 − 9 = 18	27 + 9 + 3 − 1 = 38
27 − 9 + 1 = 19	27 + 9 + 3 = 39
27 − 9 + 3 − 1 = 20	27 + 9 + 3 + 1 = 40

八张牌

将 8 和 9 交换，然后将 9 倒过来，这样 9 就变成 6。然后两列的和就都是 18。

数硬币

数 1 亿元的 1 元硬币，需要用 3 年以上的时间。1 亿枚硬币，按 1 秒钟数 1 枚的速度来计算，就是不吃饭，不睡觉地数下去，1 分钟数 60 枚，1 小时数 60 × 60 = 3600 枚，一天数 3600 × 24 = 86400 枚，一年 365 天数 86400 × 365 = 31536000（枚）。那么 100000000 ÷ 31536000 ≈ 3.17（年）。所以数 1 亿元 1 元一枚的硬币大约需要三年零两个月的时间。

实际上人们正常生活中要吃饭，睡觉……所以，在正常的情况下大约得用 10 年的时间才能数完。

快速口算

是 3021。个位 3 × 7 = 21，然后十位数的 5 加 1 变 6，6 再乘以 5 即 6 × 5 = 30，直接写成 3021。

一般来说，在 AB × CD 的乘法

中，如果 BC = A（10 - D），则 B、D（个位）的乘积就是得数的后两位。A 和（C + 1）的乘积是得数的前两位。

5 个“1”和 5 个“5”

111 - 11 = 100

5 × 5 × 5 - （5 × 5） = 100

规律数字

大多数看到这道题目的人都将每个数字看成是连接它的两个数字之差。但是，这无法解释数字 7，因为 21 - 13 = 8。换一种方法，观察连接到每个圆圈的数每位上的数字，你将发现，9、9、7 和 2 加起来等于 27，而 4、5、2 和 7 加起来等于 18。这样，未给出的数字就可以由 3、6、2 和 1 加起来求得，即 12。

神奇的 37

18 × 37 = 666

27 × 37 = 999

根据上面的 2 个算式我们很快地算出：18 = 6 × 3，即 18 × 37 = 222 × 3 = 666。27 = 9 × 3，即 27 × 37 = 333 × 3 = 999。凡用 3 的倍数乘以 37，所得的答案就应该是 111、222、333、444、555、666、777、888、999。

巧变数字“4”

0 = 4 - 4

1 = 4/4

2 = （4 + 4）/4

3 = 4 - （4/4）

4 = 4

5 = 4 + （4/4）

6 = （4 + 4）/4 + 4

7 = （44/4） - 4

8 = 4 + 4

9 = 4 + 4 + （4/4）

10 = （44 - 4）/4

火柴游戏

只要在右边把 6 改成 9，就得到了正确等式，如图。

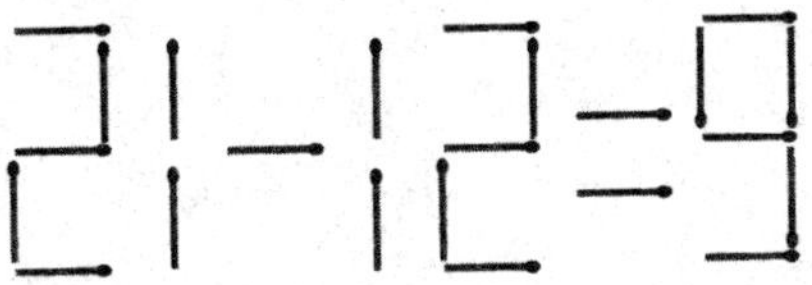

纸牌游戏

甲拿的两张牌是 1、9；乙为 4、5；丙为 3、8；丁为 2、6。剩下的那张牌是 7。

花瓣游戏

后摘者只要保证花瓣剩下数量相等的两组（两组之间）以被摘除花瓣的空缺隔开，就一定能赢得这个游戏。

比如，先摘者摘一片花瓣，则后摘者摘取另一边的两片花瓣，留下各有五片的两组花瓣。如果先摘者摘取两片花瓣，则后摘者摘取一片花瓣。同样形成那种格局。之后，前者摘除几片，后者就在另一组中摘除同样多的花瓣。

通过这种办法，到最后那一步，她肯定能赢得最终胜利。

变换卡片

恰好用43除尽的三位数有129、172、215……你要心中有数，与“216”比较怎样变动可以满足要求。可将“216”中“21”左右交换为“12”，再把“6”的那张卡片上下倒置变为“9”，即可变为“129”被43所除尽。说到变换3张卡片的位置，多数人只想到卡片的左右位置交换，没有想到把卡片倒置。上下交换是一种新思路。这种新的思路并不只限于解决这一问题，和你有关的空间位置问题都可用新的思路去解决。

假币谜题

只要称一次！

从第一堆银币中取一枚放在秤盘上，从第二堆银币中拿两枚放在秤盘上，从第三堆银币中拿三枚放在秤盘上，从第四堆银币中拿四枚放在秤盘上，如此等等。如果其中没有假币，你能算出秤盘上的银币该有多重。

因此，如果你发现秤盘上重了多少，就能确定哪一堆是假币，因为堆的序数与拿出的币数是一样的。例如，秤盘上比正常重了4克，那么第四堆必为假币，因为你从这一堆中取出了4枚银币放在秤盘上。

硬币的数量问题

如果能把不同类型的硬币平均分成4份、5份、6份（注意，把平均分的4堆中的2堆可以平均分成3份，另外2堆也一样可以分成3份，所以说可以分成6份），这样，每一种硬币至少有60枚。

抛硬币的概率

1/2。无论谁来抛，也无论抛多少次，这个概率是不会变的。千万不要被题中的叙述迷惑。

加薪方案

第二个方案比较有利。

第一个方案（每年提高500元）：

第一年 10000 + 10000 = 20000 元；

第二年 10250 + 10250 = 20500 元；

第三年 10500 + 10500 = 21000 元；

第四年 10750 + 10750 = 21500 元。

第二个方案（每半年提高 125 元）：

第一年 10000 + 10125 = 20125 元；

第二年 10250 + 10375 = 20625 元：

第三年 10500 + 10625 = 21125 元；

第四年 10750 + 10875 = 21625 元。

中奖的几率

这对情侣有 90 种途径会赢，有 30 种途径会输，因此他们不能赢到这辆汽车的概率是 30/120，即 1/4（25%）。

长长的数列

接下去 4 个数是 21、34、55 和 89。每个数字是前面两个数字之和。

数字魔圈

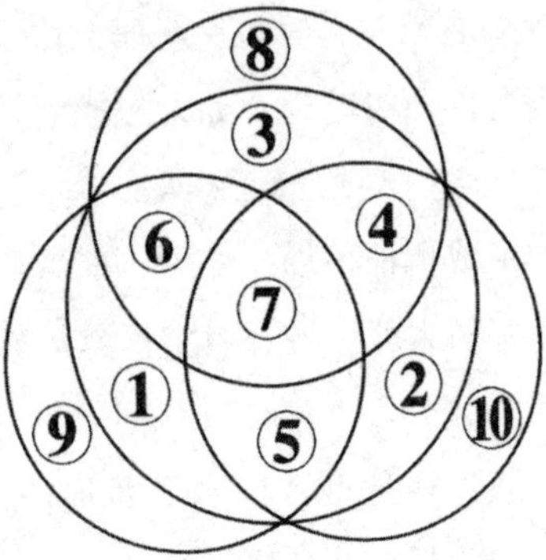

哥尼斯堡七桥

只通过一次是不可能的。

这道题看上去好像是简单的事情，结果却被证明为非常复杂。七桥问题直到瑞士数学家欧拉才得到解决。当欧拉第一次听说它并对它感兴趣时，他就着手证明它不可能有解。欧拉解决这一问题用的是今天人们称之为网络的拓扑学知识。

一个网络基本上可以看成是一个问题的图样。哥尼斯堡七桥问题的网络可以图解如下：

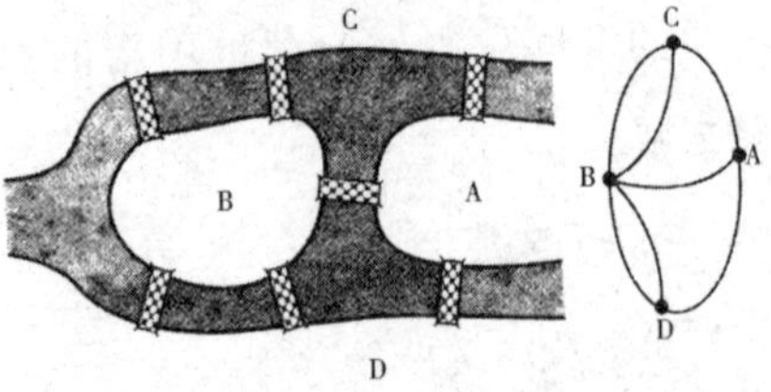

网络是由一些线一些点连接起而

成。初看起来，上图也许不像前面的图，但是用数学术语的话，它们是完全等价的。这就是说，它们是拓扑等价的。

标明 A、B、C、D 的点分别代表河的北南两岸（C 和 D）和两个岛（A 和 B）。线代表将 ABCD 连接起来的路或桥。两座桥连接 C 和 B，两座连接 B 和 D，一座连接 A 和 B，一座连接 A 和 C，一座连接 A 和 D。欧拉把一个点或结点描述为“奇”的或“偶”的。如果出自一个结点的线的数目是奇数，这结点就是奇的，如果线的数目是偶数，这结点就是偶的。欧拉不仅研究了哥尼斯堡桥，还研究了许多别的网络，结果证明：

要走完一条路线而其中一段行程只许经过一次，只有当奇数点是 0 或 2 时才是可能的。在所有其他情况下，如果不走回头路，就不能历遍整个网络。

他还发现，如果有两个奇结点，那么经过整个路线的路必须从一个奇结点开始，到另一个奇结点为止。哥尼斯堡难题终于有了解法。

哥尼斯堡七桥问题成为拓扑学的起源。在俄罗斯的一个地区，称作加里宁格勒州。过去叫哥尼斯堡，这座美丽的普鲁士城因为数学新领域——拓扑学的图论而著名。

牛吃草的问题

21 头牛 12 个星期可以把草吃完。

解答这类问题，要想到，牛不仅要吃掉牧场上原有的草，还要吃掉牧场上新长出的草。因此解答这类问题的关键是要知道牧场上原有的牧草量和每星期牧草的生长量。解答时，我们先假定牧场上每星期草的生长量是一定的，而每头牛每星期的吃草量是相同的。

设：每头牛每星期的吃草量为 1。

27 头牛 6 个星期的吃草量为 $27\times6=162$。这既包括牧场上原有的草，也包括 6 个星期长出来的新草。

23 头牛 9 个星期的吃草量为 $23\times9=207$，这既包括了牧场上原有的草量，也包括 9 个星期长出来的草。

因为牧场上原有的草量是一定的，所以上面两式的差 $207-162=45$，正好是 9 个星期生长的草量与 6 个星期生长草量的差。这样就可以求出每星期草的生长量是 $45\div(9-6)=45\div3=15$。

牧场上原有的草量是 $162-15\times6=72$ 或者 $207-15\times9=72$。前面已经假定每头牛每星期的吃草量为 1，而每星期新长的草量是 15；$15 \div 1 = 15$，因此新长出来的草就可以供给 15 头牛吃。今要放 21 头牛，还余下 $21 - 15 = 6$（头），这 6 头牛就要吃牧场上原来有的草，这牧场上原有的草量够 6 头牛吃几个星期，就是 21 头牛吃完牧场上草的时间：$72 \div 6 = 12$（星期）。

解题过程：

① $27 \times 6 = 162$

② $23 \times 9 = 207$

③ $207 - 162 = 45$

④ $9 - 6 = 3$

⑤ $45 \div 3 = 15$

⑥ $\begin{cases} 15 \times 6 = 90 \\ 162 - 90 = 72 \end{cases}$

或 $\begin{cases} 15 \times 9 = 135 \\ 207 - 135 = 72 \end{cases}$

⑦ $21 - 5 = 6$

⑧ $72 \div 6 = 12$

答：如果放牧 21 头牛，12 个星期可以把草吃光。

厨师煎蛋

5 个厨师。

如果用 5 个厨师——5 分钟——煎好 5 个鸡蛋的比例推算，那么就有可能是 100 个厨师——100 分钟——煎好 100 个鸡蛋。这种思维方式也是在习惯性思维的驱动下，误用了比例概念。

可以分析一下，既然 5 个厨师 5 分钟煎好了 5 个鸡蛋，那么他们当然可以用同样的速度连续不断地继续煎下去，再经过 5 分钟，就能再煎好 5 个鸡蛋。亦即 5 个厨师用 10 分钟煎好 10 个鸡蛋。按这种规律推算，5 个厨师 20 分钟煎好 20 个鸡蛋……100 分钟可以煎好 100 个鸡蛋。

狱卒发粥

共有 2519 名囚犯。

2519 分成 3 人一桌需 839 张桌子，多余 2 个人；

2519 分成 5 人一桌需 503 张桌子，多余 4 个人；

2519 分成 7 人一桌需 359 张桌子，多余 6 个人；

2519 分成 9 人一桌需 279 张桌子，多余 8 个人：

2519 分成 11 人一桌需 229 张桌子，没有多余。

两人分钱

两个人都不对！

一共有 8 个苹果，于是 3 人每人吃到 8/3 个苹果。乙实际上给出了 1/3 个苹果，甲给出了 7/3 个苹果。

按贡献比例，乙只应得到1块钱，甲则应得到7块钱。

三家分苹果

张三家得3千克，王四家得1.5千克。

似乎应将4.5千克苹果按张三、王四家所劳动的比例——5：4来分配，于是张三家得2.5千克苹果，王四家得2千克苹果。但这种分配是缺乏分析力的想当然的分配。

之所以会有这种想当然，是因为本题中的“张三、王四、李五”等文字带有数字，无形中起了一种干扰的作用，使得思维只想紧紧抓住“5天、4天、4.5千克”的关键数字以力排干扰，于是很容易将这些数字之间的合比例关系作为“第一感觉”，将解决问题的思路定为“按现有合比例分配”。其实，这种简单的“现有数字合比例”是一种隐藏了正确比例关系的假象。我们不妨重新整理、组合一下题干中所出现的各种关系。

首先，不妨先将“张三、王四、李五”改变为A、B、C；其次，再整理A、B、C三家对打扫楼梯的关系以及他们相互之间的关系。

A、B、C三家对打扫楼梯的关系是每家各打扫3天。在此基础上，A与C的关系是帮助2天与被帮助2天的关系；B与C是帮助1天与被帮助1天的关系。在这里，不能将A、B两家对打扫楼梯的关系混同于A、B两家对C家的关系。所以，A、B两家自己所应打扫的3天不能重复计算在内。这样，C对A、B的酬谢就只能按2：1的比例划分，而不应当按5：4的比例划分了。

所以，A所代表的张三家应得苹果3千克，B所代表的王四家应得苹果1.5千克。

农夫卖油

先从大桶中倒出5千克油到9千克的桶，再从大桶里倒出5千克油到5千克的桶里，然后把5千克桶里的油将9千克的桶灌满。现在，大桶里有2千克油，9千克的桶已装满，5千克的桶里有1千克油。

再将9千克桶里的油全部倒回大桶里，大桶里有了11千克油。把5千克桶里的1千克油倒进9千克桶里，再从大桶里倒出5千克油，现在大桶里有6千克油，而另外6千克油也被换成了1千克和5千克两份。

强盗分赃

从后向前推，如果1～3号强盗

都喂了鲨鱼，只剩4号和5号的话，5号一定投反对票让4号喂鲨鱼，以独吞全部金币。所以，4号唯有支持3号才能保命。3号知道这一点，就会提出（100，0，0）的分配方案，对4号、5号一毛不拔而将全部金币归为己有。因为他知道4号一无所获但还是会投赞成票，再加上自己一票，他的方案即可通过。

不过，2号推知到3号的方案，就会提出（98，0，1，1）的方案，即放弃3号，而给予4号和5号各一枚金币。由于该方案对于4号和5号来说比在3号分配时更为有利，他们将支持他，不希望他出局而由3号来分配。这样，2号将拿走98枚金币。

不过，2号的方案会被1号所洞悉，1号将提出（97，0，1，2，0）或（97，0，1，0，2）的方案，即放弃2号，而给3号一枚金币，同时给4号（或5号）2枚金币。由于1号的这一方案对于3号和4号（或5）来说，相比2号分配时更优，他们将投1号的赞成票，再加上1号自己的票，1号的方案可获通过。97枚金币可轻松落入囊中。这无疑是1号能够获取最大收益的方案了！

公主的年龄

既然三人宝石一样，那最后每位公主都有8颗宝石，显然这是大公主为自己留下的数目，那大公主分宝石前是16颗宝石，而当时二公主和小公主手中应各有4颗宝石，由此推出二公主分出宝石前有8颗宝石，而小公主的4颗有两颗是二公主分出的，另两颗是她第一次分配所余，最初小公主的数就知道了是4颗。二公主得到小公主的1颗成为8颗，二公主最初是7颗，大公主自然是13颗宝石。

这是三位公主3年前的年龄，再给每人加3岁，于是可以知道小公主7岁，二公主10岁，大公主16岁。

国王领兵

国王有2519个兵。

要想每排人站齐，人数必须是每排人数的倍数，或是10的倍数或是9的倍数……如果是10、9、8、7……2的公倍数，那无论怎样排都是没有问题的。10、9…2的最小公倍数是2520。现在国王的兵数是2520－1，也就是2519，自然是怎么排也缺少1人了。公倍数有许多，因兵数在3000以下，所以我们取最小公倍正适合。

方丈的念珠

设念珠总数为 m，3 颗一数为 x 次，5 颗一数为 y 次，7 颗一数为 z 次。那么：$m=3x=5y+3=7z+3\rightarrow$

$$\begin{cases} x=\dfrac{5y}{6}+1 \\ z=\dfrac{5}{7}y \end{cases}$$

，能被 3 和 7 整除的最小数为 21，所以 $y=21$，$m=5\times21+3=108$（颗）。

伪慈善家

慈善家自称施舍了 50 枚银元，分给 10 个人，如果每个人得到银元的枚数都不相同，最少的 1 枚（不能比这个数再小了），2 枚，3 枚……10 枚。如此算来，要让 10 个人拿到枚数不同的银元，至少要 $1+2+3\cdots\cdots+10=55$（枚），50 枚银元根本不够分的。

翻墙的蜗牛

18 天。实际上，蜗牛每天可以向上爬 1 米，17 天能上升 17 米。到第 18 天它再爬 3 米就到达 20 米高的墙头，不会再次滑下。然后它可以“纵身一跃”，立刻到达另一边的墙脚。

多少蚂蚁兵

第一次：$1+10=11$

第二次：$11+11\times10=121$

第三次：$121+121\times10=1331$

第四次：$1331+1331\times10=14641$（只）

没法分的马

邻居把自己的 1 匹马也加在一起分，那么老大得了 9 匹，老二得了 6 匹。老三得了 2 匹，正好剩下 1 匹。这 1 匹就是邻居的。

保险柜的密码

里圈的数是 8。

并不是要将里圈数字一一对上，只要将外圈的最小数与里圈的最大数对上就行了。这样，里外圈的数字相加都是 13。

关于帽子的赌博

应该赌。

通过计算我们可以知道，至少一个人拿到他自己的帽子的概率大约是 0.632，大于 0.5。所以，这个赌是可以打的。

分金条

从末尾开始，最小儿子得到的金条数目，应等于儿子的人数。金条余数的 1/7 对他来说是没有份的，因为既然不需要切割，在他之前已经没有剩余的金条了。

接着，第二小的儿子得到的金条，要比儿子人数少1，并加上金条余数的1/7。这就是说，最小儿子得到的是这个余数的6/7。从而可知，最小儿子所得金条数应能被6除尽。

假设最小儿子得到了6根金条，那就是说，他是第六个儿子，那人一共有6个儿子。第五个儿子应得5根金条加7根金条的1/7，即应得6根金条。

现在，第五、第六两个儿子共得6+6=12根金条，那么第四个儿子分得4根金条后，金条的余数是12/(6/7)=14，第四个儿子得4+14/(7/6)根金条。

现在计算第三个儿子分得金条后金条的余数：6+6+6即18根，是这个余数的6/7，因此，全余数应是18/(6/7)=21。第三个儿子应得3+(21/7)=6根金条。

用同样方法可知，长子、次子各得6根金条。我们的假设得到了证实，答案是共有6个儿子，每人分得6根金条，金条共有36根。

绕地球飞行

假设3架飞机分别为A、B、C。3架（ABC）同时起飞，飞行至1/8处。其中一架（A）分油后，安全返航；剩余两架（BC）飞行到1/4处时，其中一架（B）分油后，安全返航；A降落后加完油，在B返回后马上起飞，逆向接应C；同样B降落后加完油，也立即逆向起飞，接应AC；两架（AC）在逆向1/4处相遇，分油后，同飞行；3架（ABC）飞机在逆向1/8处相遇，分油后继续飞行。这样就可以完成任务了。

所以，3架飞机飞5次就可以完成任务。

脚踏车比赛

4兄弟骑车行走1千米所用的时间分别是1/6小时、1/9小时、1/12小时和1/15小时。所以，他们行走一圈所用的时间就分别是1/18小时、1/27小时、1/36小时和1/45小时。这样，他们会在1/9小时之后第一次相遇（即20/3分钟）。4乘以(20/3)分钟得出（80/3）分钟，即他们第4次相遇所需要的时间。

最短时间过桥

A. 让1分钟、2分钟过桥，耗时2分钟。

B. 1分钟回来带回手电，耗时1分钟；5分钟和8分钟过桥，耗时8

分钟，共 9 分钟。

C. 让 2 分钟带回手电，耗时 2 分钟；1 分钟和 2 分钟过桥，耗时 2 分钟。共 4 分钟。

总共 15 分钟（最少）。

至少是多少

至少 20% 的学生 4 次考试都得了 80 分。

还剩多少页

168 页。如果撕掉第 3 ~ 12 页还剩 190 页的话，那么撕掉第 56 ~ 75 页，就包括撕掉第 55 ~ 76 页。换句话说，它包括最前面一页和最后一页的背页。

赚了还是亏了

整整多赚了 50 元。因为小彼得只买了 35 元的东西，没理由拿两个 50 元让老板找。既然他给了老板 50 元，却找回 65 元，可见他多赚了老板 50 块钱。

走了多少米

可以在想象中把智者漫步过的林荫道“剪拼”成一条直道。

由于所有的林荫道组成的正方形的面积是 $100 \times 100 = 10000$（平方米），林荫道的宽度是 2 米，因此，林荫道全长 $5000 \times 7 = 35000$（米）。所以智者一共走了 17500（米）。

怎么样做才公平

正确。虽然李美与王里的面包数之比为 5: 3，但是他们分给张伟的面包数的比例为 7: 1。8 个面包 3 个人分，每个人得到了 8/3 个面包，也就是说，李美贡献了 7/3 个，王里只贡献了 1/3 个，所以王里应该拿 1 角钱，而李美则应该分到 7 角钱。

到底是星期几

星期三。首先你要弄清楚今天是星期一，才能判断后天是星期几。

打铁罐比赛

要想使三枪得分和正好 50，唯一的办法是先打掉右边一摞的 7 号罐，然后打掉左边一摞的 8 号罐，最后打掉右边一摞已经露在上面的 9 号罐。第一枪得 7 分，第二枪得 $8 \times 2 = 16$ 分，第三枪得 $9 \times 3 = 27$ 分。这样，共得50 分。

沙漏计时

（1）用两个沙漏同时开始测量，当 6 分钟的沙漏空了的时候马上颠倒过来，等 8 分钟的沙漏再空的时候再将 6 分钟的颠倒过来，就得出 2 分钟的沙，与 8 分钟的沙加起来可得出 10 分钟的沙。

（2）两个沙漏一起开始计时。7 分钟以后，把 7 分钟的沙漏翻转；再过 4 分钟，即 11 分钟以后再把 7 分钟的沙漏翻转；当 7 分钟的沙漏最后漏完时，就是 15 分钟了。

鸡兔同笼

（一）

鸡 2 只脚，兔 4 只脚，若 36 只全是鸡，则少了 14 双脚。当一只兔子被当做鸡算时就少了一对，所以兔子应是 14 只，鸡应是 $36-14=22$ 只。

答案是：22 只鸡，14 只兔。

（二）

因为鸡兔只数相等，则把鸡和兔编成组，使每组各有一只鸡和一只兔。这样，每一组共 6 只脚，一共 90 只脚，应有 $90 \div 6=15$ 组。所以，分别有 15 只鸡和 15 只兔。

答案是：15 只鸡，15 只兔。

壶中酒

用反向倒推的方法。壶中原有 7/8 斗酒。

爱因斯坦巧算题

爱因斯坦确实有巧妙的速算方法：这道题的两个因数都是 4 位数，且左边部分都是 29，右边部分是 87 和 13，又 $87+13=100$。他用图解法如下：

图中长方形面积表示它们的积：

即：$29 \times 30=870$

$87 \times 13=1131$，可简算：$(100-13) \times 13=1300-169=1131$

然后把 1131 放在 870 后面，得 8701131。

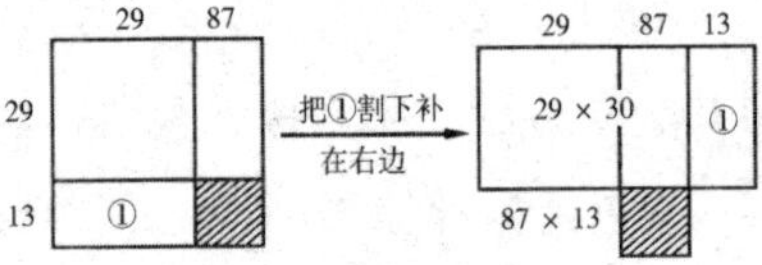

爱迪生巧测灯泡体积

可以。

爱迪生只需拿起灯泡往里灌满了水，然后他把灯泡里的水倒入了一只量杯中，看着杯里水的量数，灯泡的体积就测出来了。因为灯泡的体积与储存在灯泡里的水的容积是等量的。这样根本不需要经过繁琐的计算。

阿基米德的要求

国王的御用学者马上进行计算：第 64 格里有 $1 \times 2 \times 2 \times 2 \times \cdots \times 2$ 粒米（63 个 2 相乘）。10 个 2 相乘等于 1024，这个式子可以写成：$8 \times 1024 \times 1024^5$。如果把 16384 粒米算为 1 千

克，又把1024当1000近似算，那么格里的米有多少千克呢？有50000000000000千克米，即5000亿吨。

学者把计算的结果告诉了国王，国王大吃一惊，他知道把自己所有的财富都用去买米，也买不够第64格里的米，所以最后国王只好红着脸，对阿基米德讲："我答应的事不能办到了。"聪明的阿基米德用数学知识让国王失了言。

刁藩都的年龄

刁藩都活了84岁。

解：设刁藩都的年龄为x。

$$x=\frac{x}{6}+\frac{x}{12}+\frac{x}{7}+5+\frac{x}{2}+4$$

解方程得：

$x=84$

欧拉的问题

这道题有三组答案，都合题意。①猪5头，山羊42只，绵羊53只；②猪10头，山羊24只，绵羊66只；③猪15头，山羊6只，绵羊79只。设猪x头，山羊y头，绵羊z头。根据题意可以列出两个方程：$\begin{cases}x+y+z=100① \\ \frac{7}{2}x+\frac{4}{3}y=\frac{1}{2}z=100②\end{cases}$

把方程②乘以2得：$7x+\frac{8}{3}y+z=200$③

把方程③－①消去z：$6x+\frac{5}{3}y=100$

$y=60-\frac{18}{5}x$④

因为牲畜的头数不可能是分数，$\frac{x}{5}$一定是整数。

设$\frac{x}{5}=t$，则$x=5t$，将x代入④：$y=60-18t$；将x和y代回①得$5t+60-18t+z=100$，$z=40+13t$。因为y是正数，所以$y=60-18t>0$；而t也是正整数，t只能为1、2、3三个值，所以此题有三组答案 $t=1\rightarrow\begin{cases}x=5 \\ y=42\\ z=53\end{cases}$； $t=2\rightarrow\begin{cases}x=10 \\ y=22\\ z=66\end{cases}$； $t=3\rightarrow\begin{cases}x=15 \\ y=6\\ z=79\end{cases}$。

经过检验：三组解答都符合题意。

尼古拉钓鱼

这4个数字的末位数的和为$2+3+3+4=12$，即钓鱼总数的个位数字是2，奇怪的是没有一个自然数的平方的末位数字是2，问题出在哪里呢？问题一定是不可能有4个人，只有3个人。其中有一个人既是父亲，又是儿子。这个人是谁？就是个位数字相同的派塔。所以尼古拉的儿子是派塔。

88888888 = 1000 吗

8 + 8 + 8 + 88 + 888 = 1000

不翼而飞的100元

每个人确实只出了900元，所以900×3 = 2700，也就是实际上进出的只有2700元，而不是3000元。

2700元中，老板收了2500元，服务生拿走了200元，所以正确的算法应该是2500 + 200 = 2700，不多不少；题目中的2700 + 200根本是子虚乌有，是偷换命题的错误算法。

黑棋与白棋

在图一中，从整体上观察，黑棋子的分布无章可循，只能一行一行地累加。如果按照这种认知方法，去累加图二中的黑棋子，思维就陷入习惯性、连续性的“顺序陷阱”了。

跳出这个思维陷阱的唯一方法，就是通过细致的观察，发现事物结构上的规律，并以此为突破口，寻找一种新的认知方法。

其实，从整体上观察，图二中的黑棋子分布很规整，能让人一目了然。我们可以先很快地计算出全部棋子的数字，然后再数有章可循的白棋子，并将其从总数中减去，就可以“尽快”地知道图二中黑棋子的数字了。

所以，图一中有16个黑棋子，图二中有28个黑棋子。

快慢不同的手表

20个小时。不要陷入复杂的计算中，这道题完全可以用简单的办法来解答：一只表慢2分钟，一只表快1分钟，那么每小时两块表差3分钟，这样，答案很快就出来了。

奇怪的车牌号

$1729 = 1728 + 1 = 12^3 + 1^3$。

还有一些数能表示为两组不同的两个立方数的和，不过1729是最小的一个。

倒走的钟表

正常时钟的分针每小时走一圈，即360度，每分钟相当于6度。六点半时时钟的显示是正确的，下一次时钟正确显示时倒走的分针又落在正确的位置上，假定其间的时间为 x 分钟，如果分针行走正常，它将沿顺时针方向走 $6x$ 度，现在这倒走的分针沿逆时针方向则走 $80x \cdot 6/60 = 8x$ 度，两者之和正好是一圈 360 度：

$x = 180/7$ 分钟 $= 3/7$ 小时，即 3/7 小时后这台时钟会再一次正确显示时间。

钟表上的时间

1: 00。分针朝前走 20 分，时针朝后走 1 个小时。

图形魔方

一笔成画

下面的几个图形，请你用一笔画出来，而且不许走重复路线。应该怎么画？

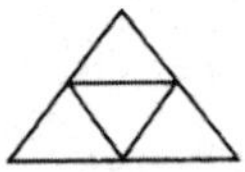

(1)

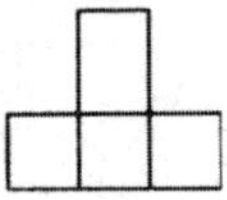

(2)

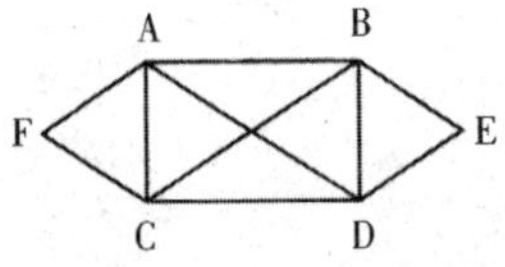

(3)

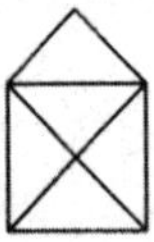

(4)

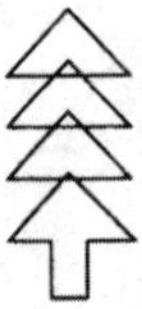

(5)

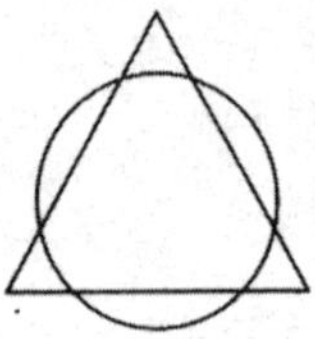

(6)

提升指数：★★☆☆☆

搭　桥

取出 16 根火柴摆成如图所示的堡垒，堡垒四周围着深沟，它的宽度为一根火柴杆。如果有两块长度等于沟宽度的木板，怎样搭桥过沟进入堡垒？

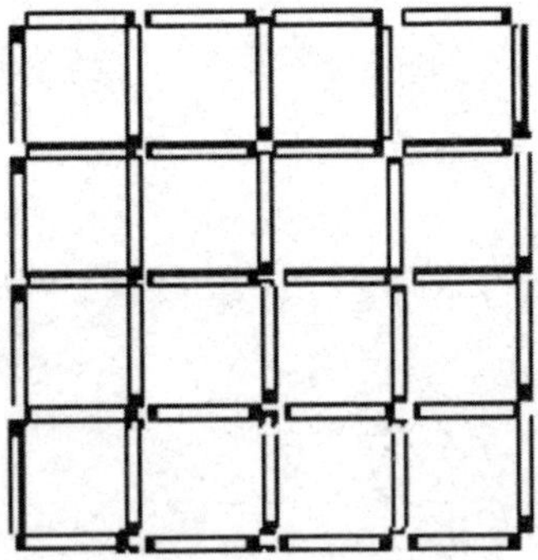

提升指数：★★☆☆☆

杯子游戏

现有 10 只杯子排成一行。左边 5

只杯子里装满水，右边5只杯子是空的。在只动两只杯子的情况下，能否使这10只杯子变成有水杯子与无水杯子相互交错的一排？

提升指数：★★☆☆☆

类比游戏

如果图1阴影部分代表4，那么，图2阴影部分代表几？

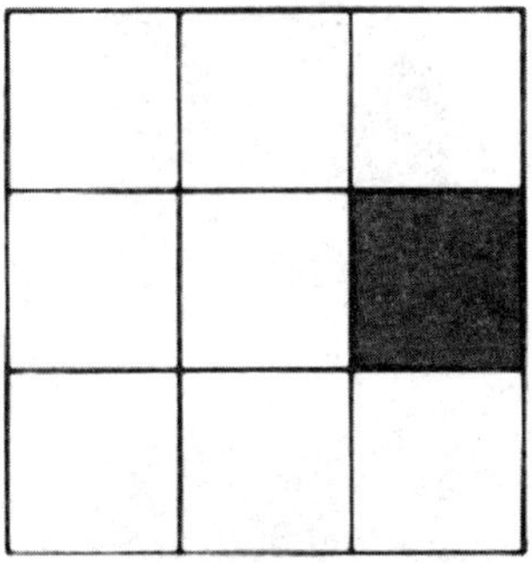

图1

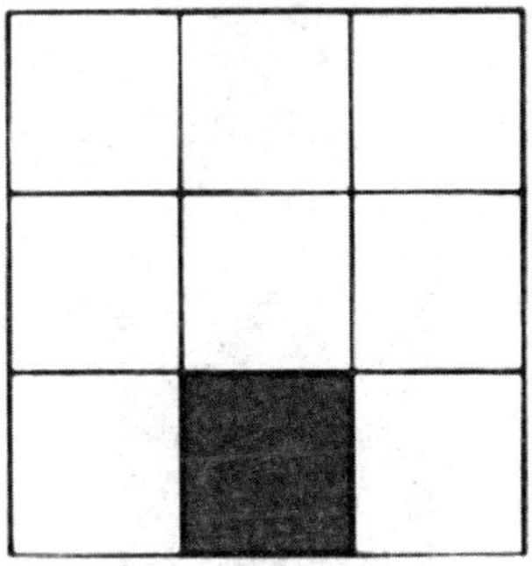

图2

提升指数：★★☆☆☆

拼图游戏

如果将零散的部分拼成示例图，哪一部分是多余的呢？

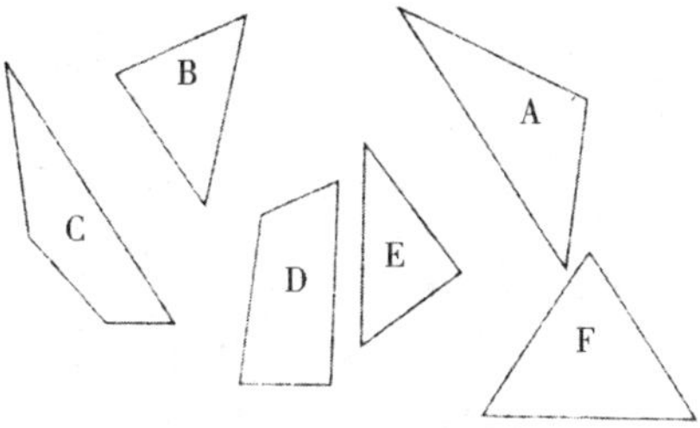

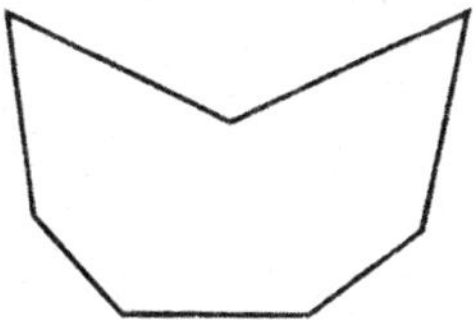

提升指数：★★☆☆☆

四阶幻方图（写给外星人的信）

一个四阶幻方图就是在一个4×4的16个方格的方阵图中，每格分别填入1~16十六个数字，使每行、每列及两条对角线上的四个数之和都相等。

这个四阶幻方图是在印度卡俱拉霍被发现的，它是 11 世纪时刻在一个碑上的。德国画家阿尔伯特·丢勒在他 1514 年所作的蚀刻画《忧郁》中加入了这个幻方。它比一般意义上的幻方有更多的奇妙之处，它不只要求对角线的四个数之和相等（等于 34），而且任何一条对角线上的四个数之和也都等于 34。也就是说，幻方的上边第一行移到最下一行，或左边第一行移到最右一行，仍是幻方。而且每相邻的四个数之和也等于 34。

1977 年，美国发射的“旅行者号”宇宙飞船上，就带了一张四阶幻方图。现在就请你来填填这个幻方图。

提升指数：★★★☆☆

四巧板

这是一个看似简单却使人颇费思量的难题，别看就 4 块，也会让你很伤脑筋的。

据说，这种拼板在西方流传近一个世纪了。西方人叫它“*T* 字板”，因为它的目的是要用图一的 4 块板拼成一个英文字母 *T*（如图二）。日本人将这种拼板命名为“博士板”。如果你对自己的能力有足够信心的话，请试着拼成图三的“手风琴”式。

图一

图二

图三

提升指数：★★★☆☆

巧变图形

用 22 根火柴摆成如图所示的图形。

(1) 如何移动其中 2 根火柴，使它变成 7 个相等的正方形？

(2) 从 7 个相等的正方形中，如何抽出 2 根火柴，使它变成 5 个相等的正方形？

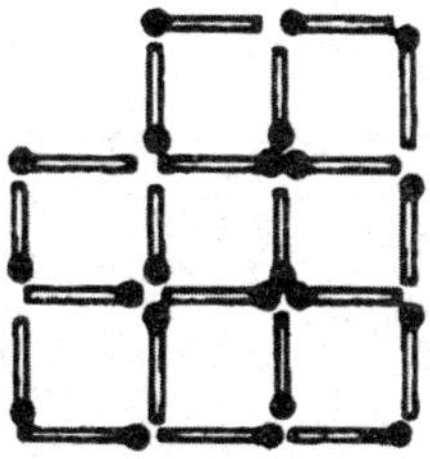

提升指数：★★☆☆☆

螺旋变三角形

用 35 根火柴摆成如图所示的螺旋，你能移动 4 根火柴使其变成 3 个正方形吗？

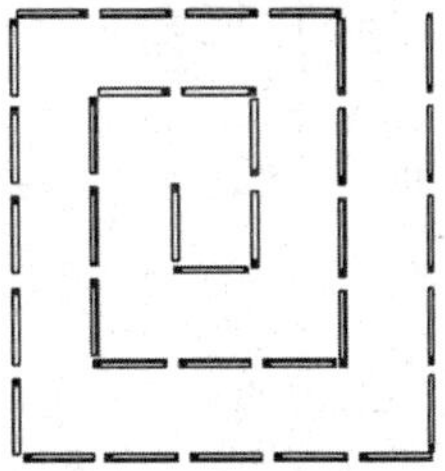

提升指数：★★★☆☆

多变的三角形

如图所示，有 4 个正三角形。请问你能否再添加 1 个正三角形，使之变成 14 个正三角形？

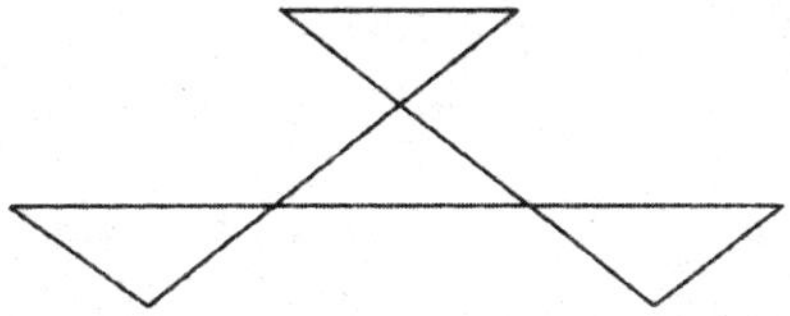

提升指数：★★☆☆☆

变化的三角形

用 12 根火柴棒，如图摆 3 个三角形，并有三个梯形，请你移动其中的 6 根，变成 6 个三角形、1 个六边形、1 个梅花形和 2 个梯形。请你想想怎样移。

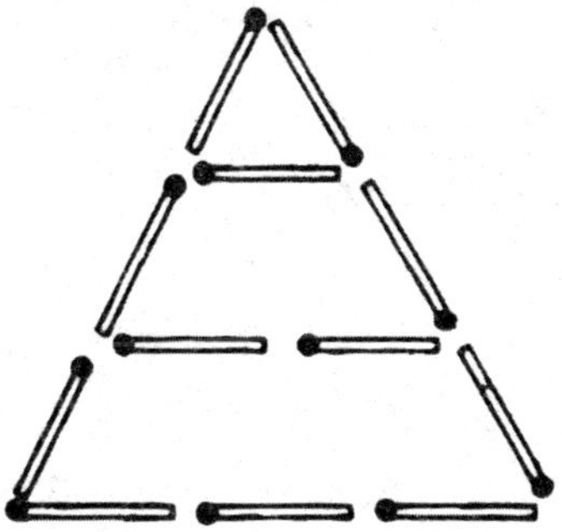

提升指数：★★☆☆☆

连取三角形

不考虑旋转后的重复情况，连接9个3×3排列的点中某三个构成三角形，共能得到11种不同的三角形。你能找出这第11种情况吗？

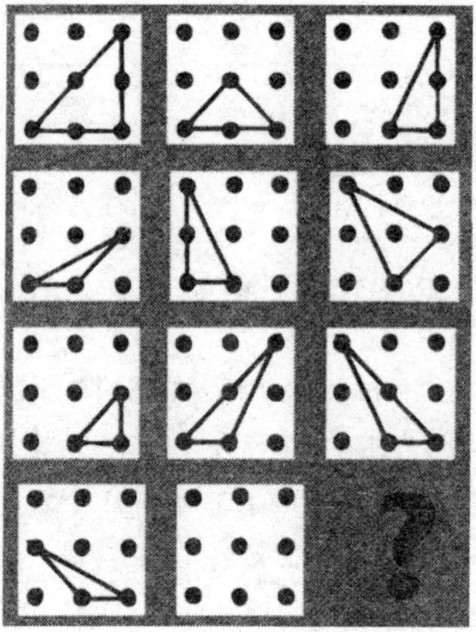

提升指数：★★☆☆☆

变幻的箭

用16根火柴摆成如图所示的“箭”，请你：

(1) 重摆8根火柴摆成8个三角形；

(2) 重摆7根火柴摆成5个四角形。

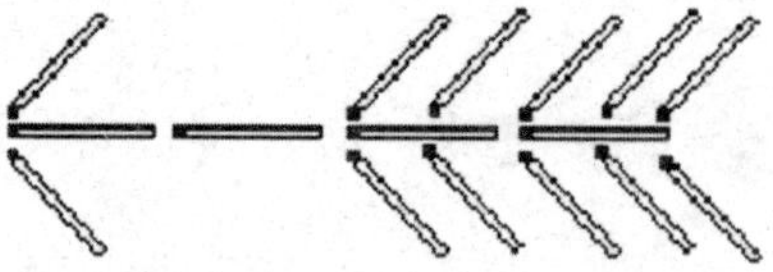

提升指数：★★☆☆☆

变方块

如图所示，把火柴棒聚集起来，然后去掉其中的2根，使方块变成2个。

你能做到吗？

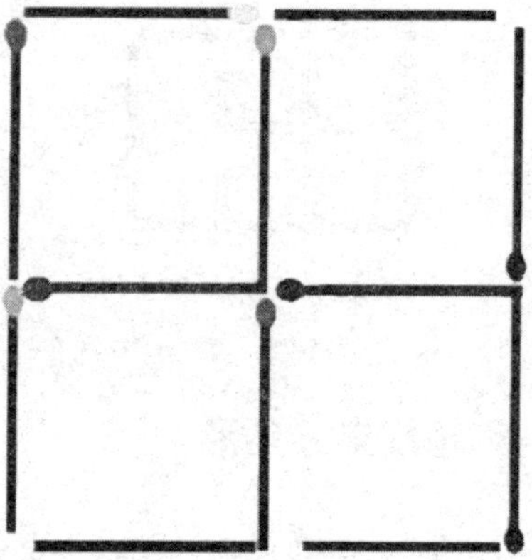

提升指数：★★★☆☆

图形的相似性

请根据图一中3个图形的相关性，在4个选项中选择一个代替图二中的问号。

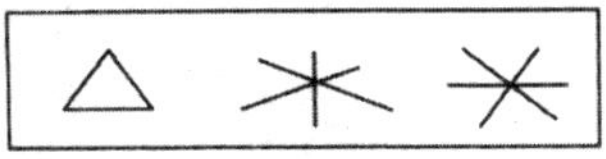

图一

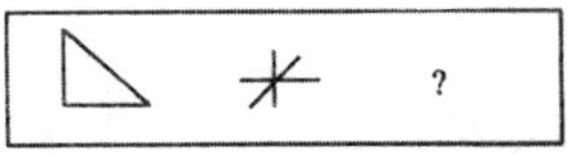

图二

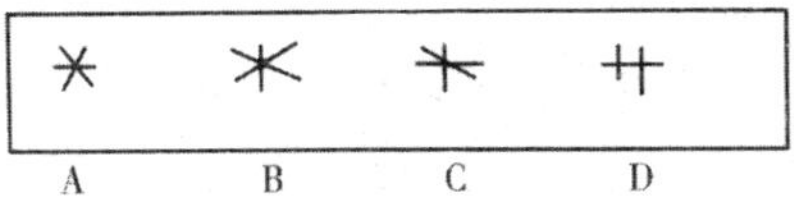

提升指数：★★☆☆☆

相交的直线

我们都知道 2 条直线相交于 1 点；3 条直线最多可以相交于 3 个点；4 条直线最多可以相交于 6 个点。

下面所示的 5 条直线相交于 9 个不同的点。你能否画出 5 条直线交于 10 个点？5 条直线最多可以相交于几个点呢？

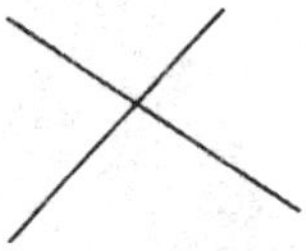

2条直线相交1点

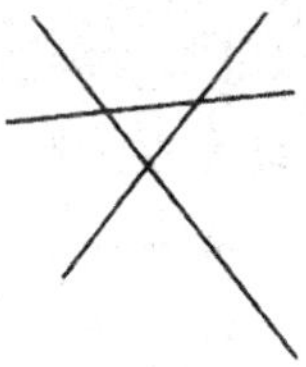

3条直线相交3点

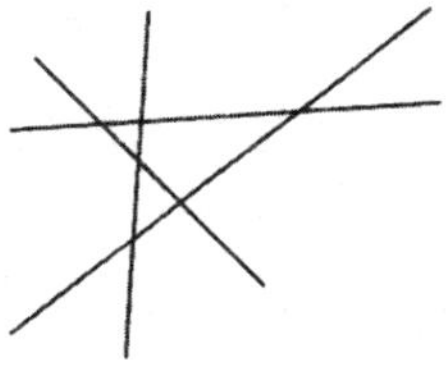

4条直线相交6点

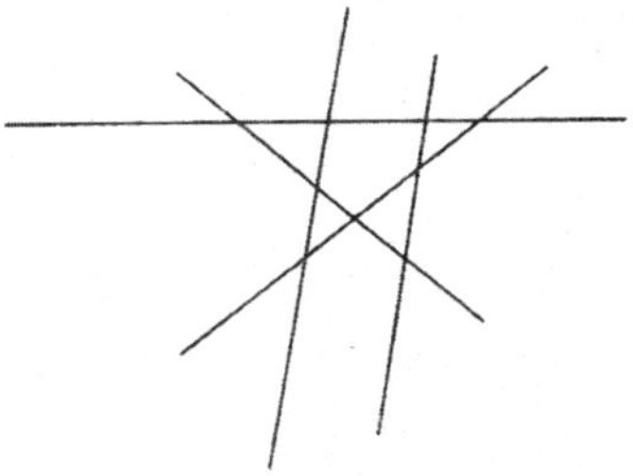

5条直线相交9点

提升指数：★★☆☆☆

无穷无尽的圆

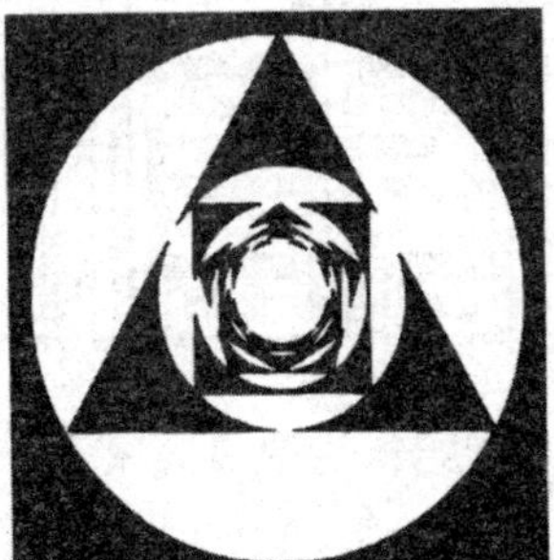

图中，最外层的圆包含一内接三角形，三角形中有一内切圆，圆内又包含一内接正方形，再是一个内切圆，里面是正五边形，然后是圆、正六边形、圆、正七边形……层层嵌套

下去，每次正多边形的边数都加 1。随着圆越来越小，你能猜出最后这个圆会变成什么样的吗？

提升指数：★★★☆☆

点的里外

黑线构成了一个连续的环形。你能指出哪些点在环形里面，哪些点在环形外面吗？有一个比较简单的沿着环形绕的方法。

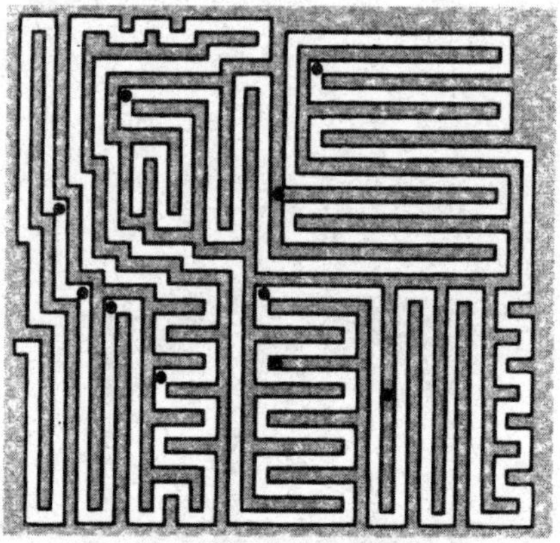

提升指数：★★☆☆☆

奇形怪状

你能找出其中哪一个组图不同于其他各组的排列规律吗？

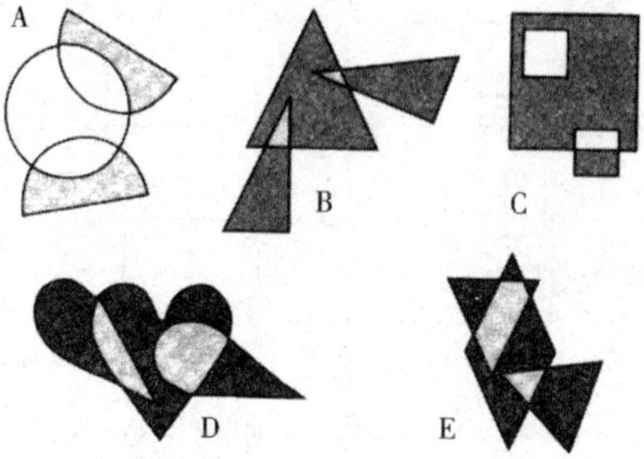

提升指数：★★☆☆☆

莫里三角形

如图所示，分别在三条边上把三角形三等分。注意，这些直线中有三个交点构成一等边三角形。是不是任何三角形这样三等分后都会构成这样一个等边三角形？

提升指数：★★★☆☆

距离的组合

平面上的点可以相距任何距离。但一组点中两两之间只能有一个或两个距离，这种点的组合是有限的。比如，两个给定的点相互间的距离只有一个。而组成等边三角形的三个点中的每一个到另外两个的距离也相等。这两个点的组合是只有一种距离的组合。

一个等腰三角形是有两种距离的组合的例子。在一个平面内，你还能发现多少其他两种距离的组合？

提升指数：★★★☆☆

魔方的颜色

有一个魔方（如图），所有的面都是灰色。请问：有几个小立方体一面是灰色？有几个小立方体两面是灰色？有几个小立方体三面是灰色？有几个小立方体四面是灰色？有几个小立方体没有面是灰色的？

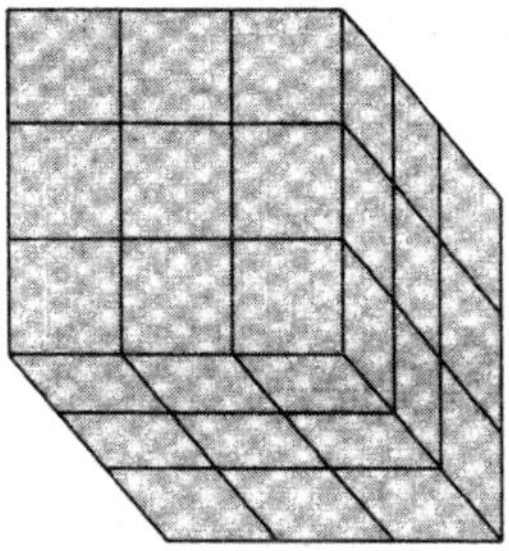

提升指数：★★★☆☆

一朵八瓣花

在一张厚纸上画出如图所示的正八角形，并在此八角形的中心按图准确画出八角形孔。请你把此八角形剪成 8 个相等的三角形，并用这 8 个三角形拼成一朵有八瓣的花，而且花的蕊心也是正八角形。

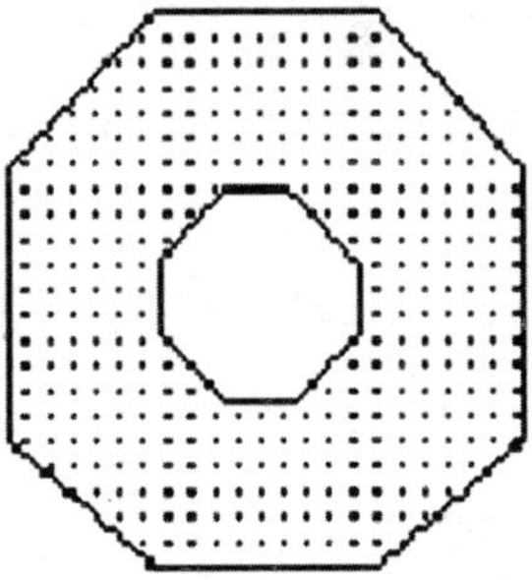

提升指数：★★☆☆☆

最大的图形

用 8 根火柴可摆成许多图形，下面是一部分，它们的面积是不相同的，你看哪种面积最大，你能否摆出最大面积的图形？

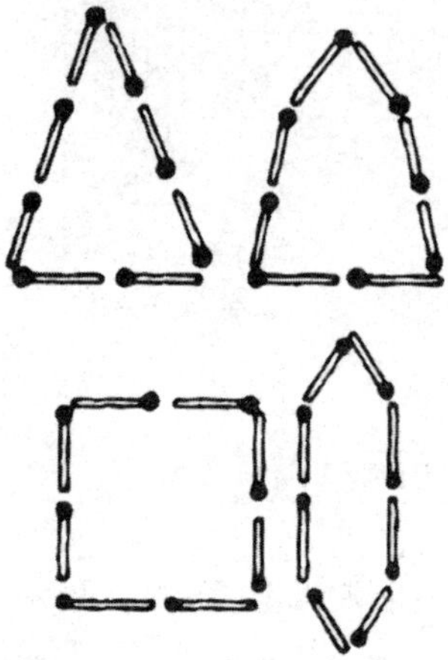

提升指数：★★★☆☆

帕斯卡三角形

你能否发现这里给出的数字三角形中的逻辑规律，填完最后两行？你能否添加更多的行？

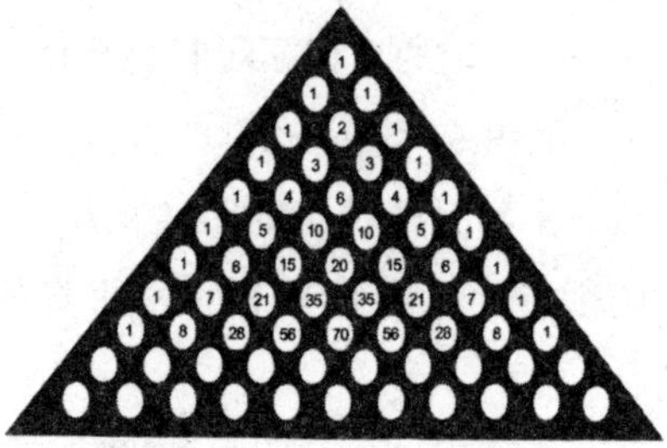

提升指数：★★★☆☆

七巧板的难题

下面这两个图形都是由七巧板拼成的，只是左边的图形比右边的多出一块来，这么看似乎是不合理的，不过它们确实是由同一组七巧板拼成的，你能做到吗？

提升指数：★★★☆☆

蜘蛛网

图中，一个圆的圆周被等分。3 根交于一点的直线达及圆周。如果在圆的其他地方画上与这 3 根直线组成的图形相同的直线组，最后会出现什么图案，是不是有点像蜘蛛网？

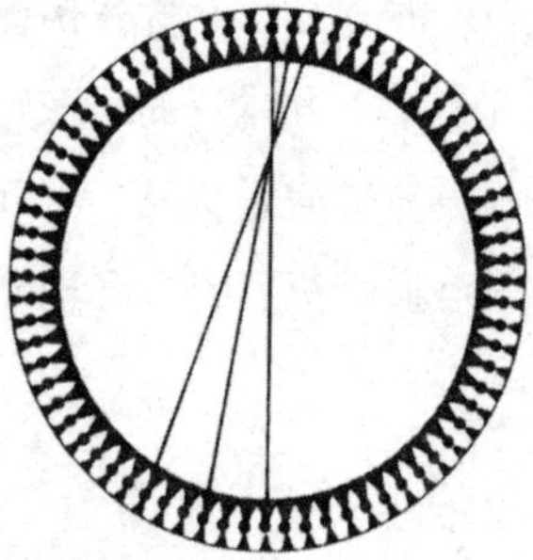

提升指数：★★★☆☆

纸　虾

有一个纸虾，是由 17 个不同几何形状的部分拼成的，如图所示。你能迅速拼成圆形或方形吗？

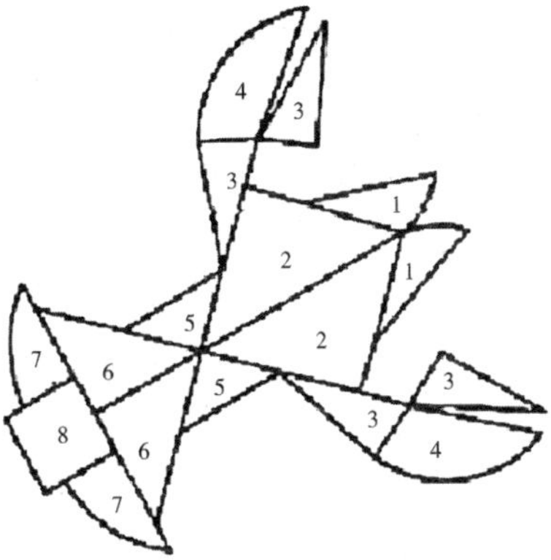

提升指数：★★★☆☆

妙用量具

如图所示，有一个容量为 2 升的正方形量具。现在要求使用这个量具准确地量出 1 升的水来。该怎样度量呢？

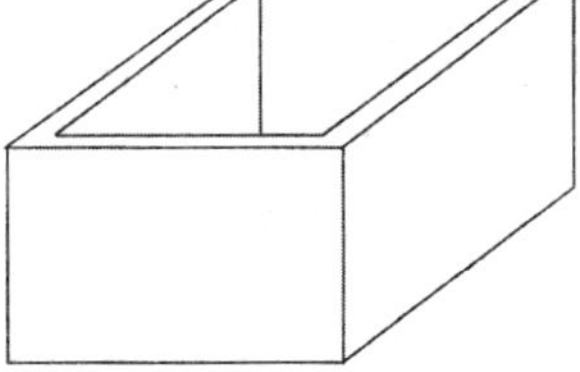

提升指数：★★★☆☆

和而不同

哪幅图不同于其他 4 幅？

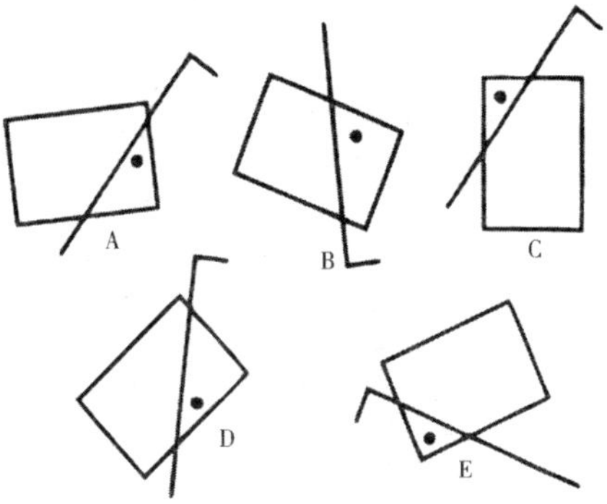

提升指数：★★☆☆☆

月牙形阴影的面积

如图所示，有一个直径为 5 厘米的半圆形，现将其沿箭头方向平移 1 厘米。

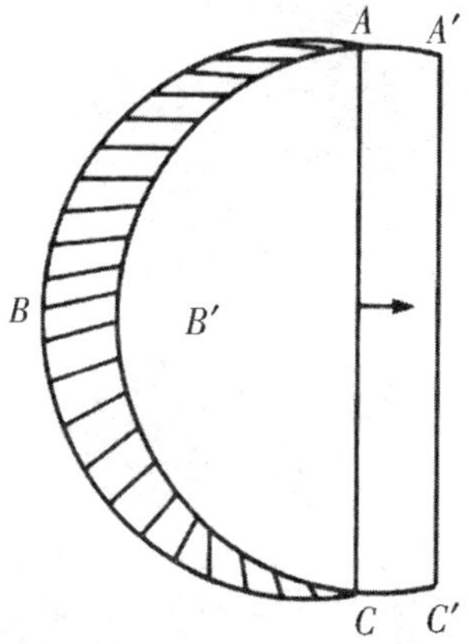

问：移动后出现的月牙形部分的

面积。(指阴影部分)

提升指数：★★★☆☆

移走火柴棒

试着从图中拿走 4 根火柴，留下 8 个小正方形。

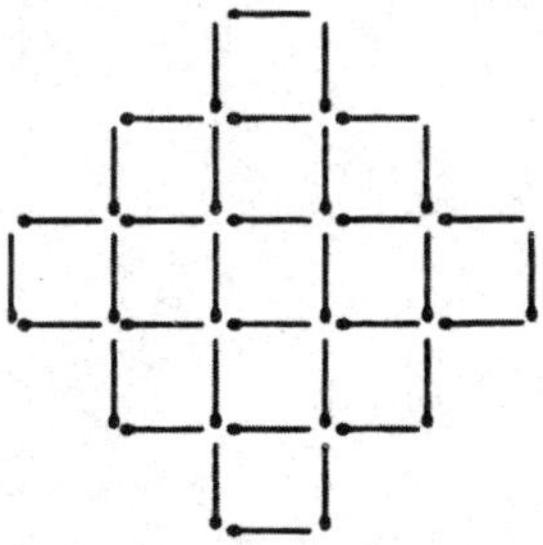

提升指数：★★☆☆☆

巧折立方体

以下哪个立方体不能由本图折成？

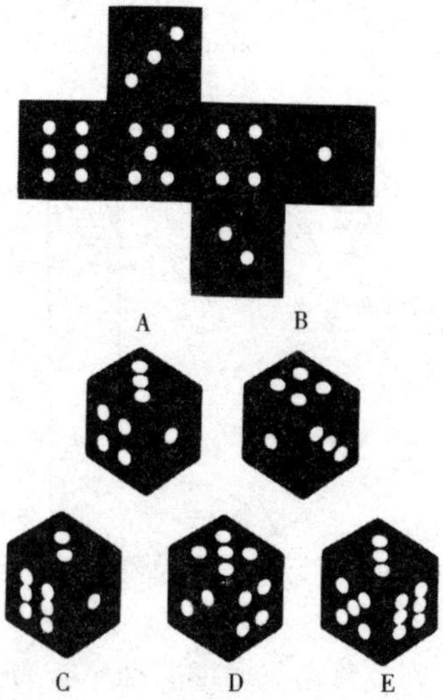

提升指数：★★☆☆☆

巧拼桌子

有如图的三组木板，要分别把它们拼装成最简单形状的桌面，请问应该怎样设计拼装为好？

图一：

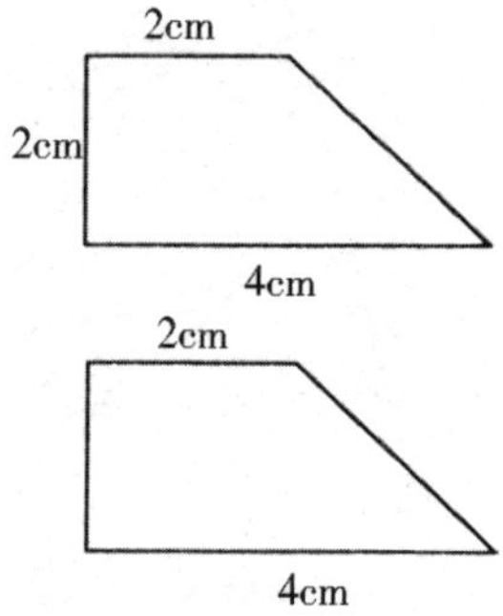

图二：

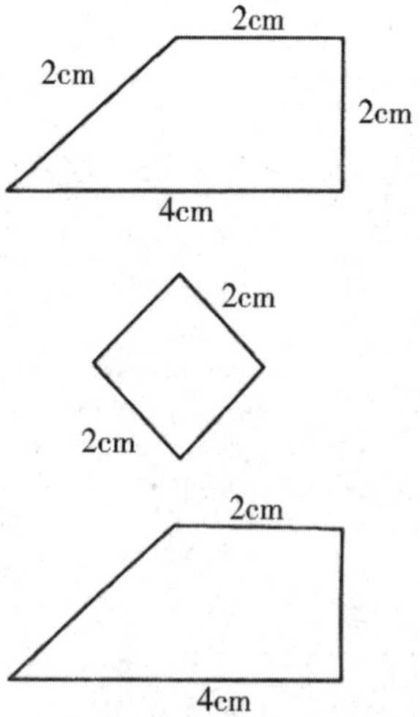

图三：

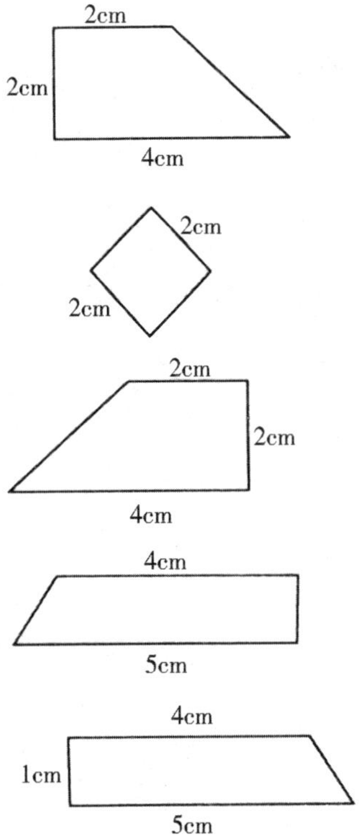

提升指数：★★★☆☆

剪纸盒

某公司运来了一批没有盖子的立方体纸盒，它们都是由四个侧面和一个底面组成的，而且是同样大小。由于仓库的容量有限，这批空盒子很占地方，老板决定把它们沿着某几条棱剪开，展成可以平铺但仍连成一片的纸板，以节约堆放的空间。于是老板找来工人，让他们尽快完成这个工作。

没过多久，工人们就把工作完成了，可老板发现他们剪成的纸板堆放在一起很不整齐，仔细一看原来纸板展开的式样彼此不同。

请问你知道纸盒能剪成多少个不同的样式吗？

提升指数：★★★★☆

开环接金链

3 个环相连着的金链共有 4 组，要设法将它们连成一条金链圈，至少要打开几个环呢？

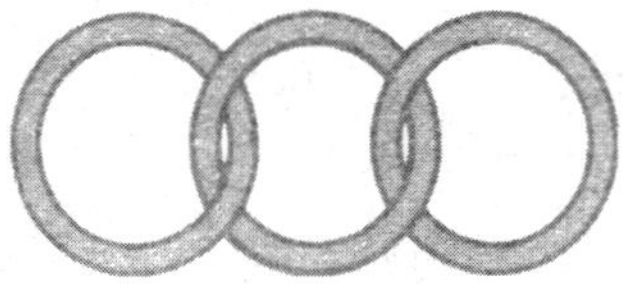

提升指数：★★☆☆☆

数正方形

让我们动一点脑筋吧。把手放到背后，数一数图中共有多少个正方形。记住，大的正方形里套着许多小的正方形呢！

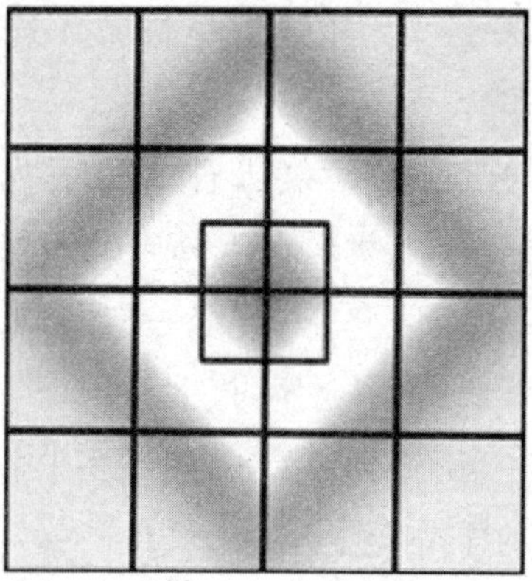

提升指数：★★☆☆☆

狗狗探险

长耳朵狗狗要到山洞里探险，你知道它是怎么走的吗？

提升指数：★★☆☆☆

迷乐园

下图是一个迷乐园，要求从 A 口处走进去，沿着小路走，既不能重复走，也不能交叉走。请问：如何一下子把这个迷乐园所有的小路走完，然后再从 A 口出来？

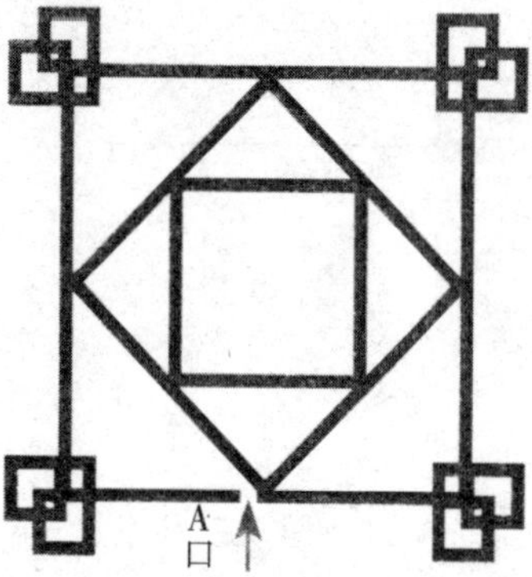

提升指数：★★★☆☆

找伙伴

用 3 条不相交的线连接颜色相同的五角星，每个五角星的后面只能绕过一次。

提升指数：★★☆☆☆

三分天下

英、美、法 3 国各派一名探险家

环球航行，探险家经过千辛万苦，终于找到一个形状奇特的岛屿。3 名探险家经过商量，决定 3 国平分这块土地，但怎样才能公平地分割这一土地呢？他们向大科学家爱因斯坦请教。爱因斯坦一笑：“太简单了，你们看，应该这样分。”三人一齐点头称对。

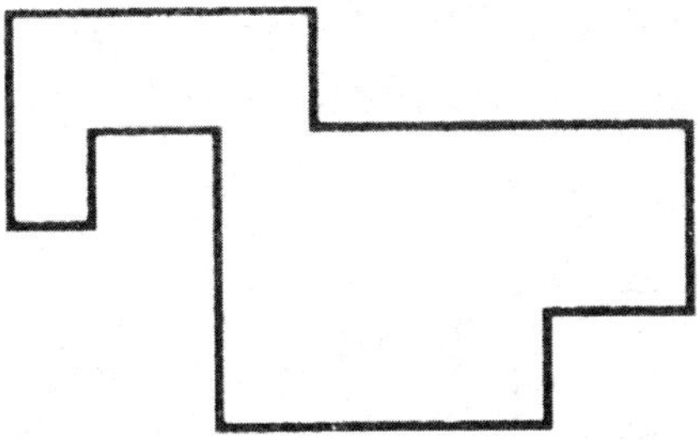

你知道爱因斯坦是怎样巧分土地的吗？

提升指数：★★★☆☆

复杂的碑文符号

考古人员在希腊进行发掘工作时，使一批奇异的古代遗迹重见天日。他们发现很多纪念碑的碑文上反复出现下面这个由圆和三角形组成的符号。

这个图可以一笔画出，线条都不重复地画过两次以上。不过，如果采取那种更为一般的、允许同一线条可以随意重复画过的画法，只是要求用尽可能少的转折一笔画出这个图形，它无疑会成为很好的一道趣味题。你知道怎么画吗？

提升指数：★★★☆☆

诸葛摆棋

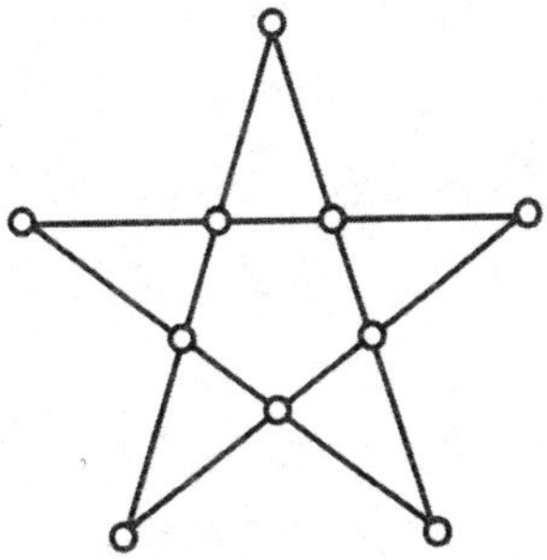

“三顾茅庐”的故事可谓家喻户晓。刘备请出诸葛亮后待为上宾，恭敬有加，而张飞一开始就对诸葛亮颇不服气。但自火烧新野、大破曹兵后，张飞深叹诸葛亮料事如神，用兵有方，就以师待之。

一天，诸葛亮拿出 1 个五角星棋

盘（见图）和10颗棋子，对张飞说："张将军，听说你最近用功勤读，学问颇有长进。今天我来考考你。这棋盘中共有10个交点，现在要你在这10个交点上各放一颗棋子。放棋子有个规定：先沿棋盘上某一直线依次数出三点（注意不能拐弯数），第一点和第二点必须是空位子，可在第三点上放一颗棋子。当你在棋盘上摆满9颗棋子后，第10颗棋子就可以放在最后一个交点处。你能不能做到？"

张飞一听，想：这还不容易！于是就动手摆起来。想不到的是他花了三天三夜时间，还是不能按照诸葛亮的要求摆满10颗棋子，最后不得不老老实实地向诸葛亮请教。诸葛亮微微一笑，三弄两摆，就把棋子摆好了。

诸葛亮是怎样摆棋子的？现在请你也当一回诸葛亮，把棋子按以上规则摆出来。

提升指数：★★☆☆☆

高斯解题

数学家高斯因其杰出贡献被誉为"数学王子"，但并不是所有的人都对他能得到这一殊荣而心悦诚服。有一天，一个自诩为天才的傲慢青年来找高斯，妄图出一道难题难倒高斯，让他出丑，以夺过"数学王子"的桂冠。他拿出*A*、*B*、*C*、*D*、*E*、*F* 6块拼板，让高斯选出2块拼成下图右边的形状。高斯一眼扫去便发现了其中的诀窍，并想出了3种拼法。那青年自知冒失，便灰溜溜地走了。高斯是怎么拼的呢？

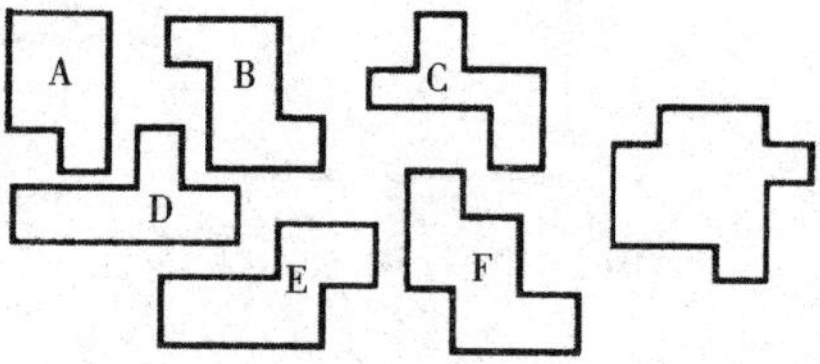

提升指数：★★★☆☆

棋子游戏

画一个3×3格的正方形棋盘。参加游戏的双方各拿3颗棋子（用不同的颜色区分），并轮流把棋子一颗一颗地放到棋盘上。待全部棋子都放完后，双方可以依次把自己的棋子移到相邻的空格中去，但不能斜着走。谁先把自己的棋子摆成一条直线（一行、一列或一对角线），谁就得胜。

试一试，怎样才能取胜？

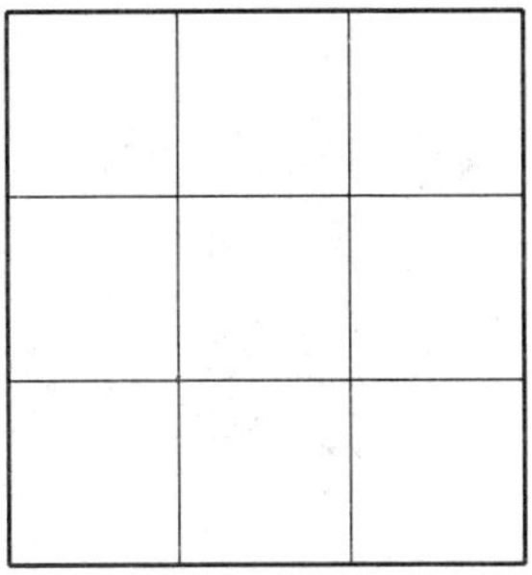

提升指数：★★★☆☆

答案及解析

一笔成画

有些图形不论你从哪一点开始画，都能一笔画出，有的图形只有从某些特定的点开始画才能一笔画出，还有的则根本画不出。这有什么特征吗？

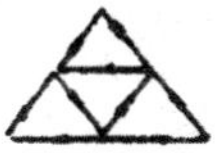
(1)

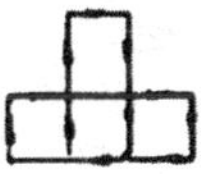
(2)

(3)

(4)

(5)

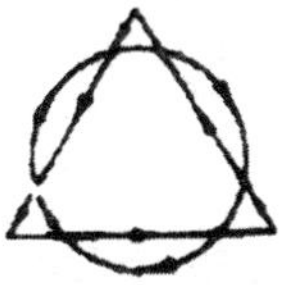
(6)

我们约定把有偶数条线进入的点叫做偶数点，把有奇数条线进入的点叫奇数点。如果图形上没有奇数点，那么它就能一笔画成，而且随便你从什么地方开始画都能一笔画成。

搭　桥

详见图。

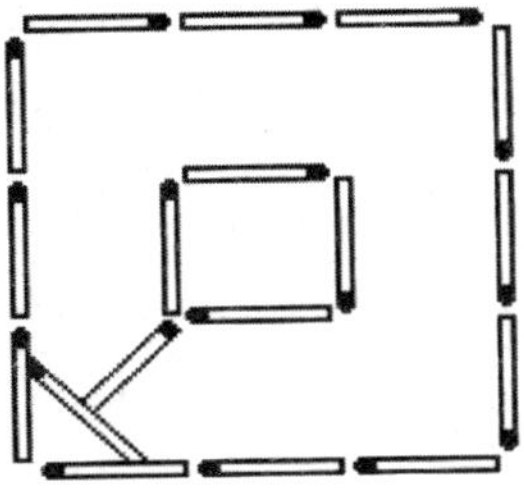

杯子游戏

很简单，将第二只杯子与第四只杯子里的水分别倒入第七只与第九只空杯子中。

类比游戏

8。图中的方格被编以 1～9 之间的号，从左上角开始，先从左到右，再从右到左，最后又从左到右。

拼图游戏

F。

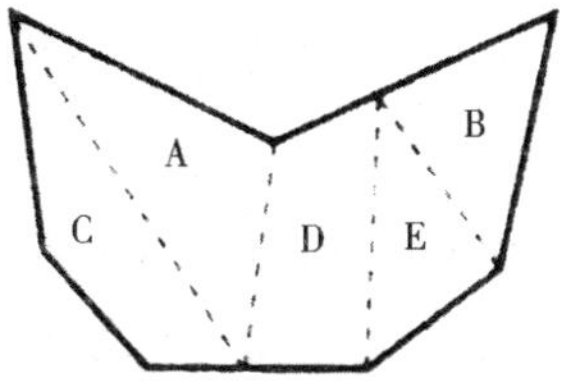

四阶幻方图（写给外星人的信）

据说，四阶幻方的填法共有880种之多，这里给出的是其中两个答案。

16	3	2	13
5	10	11	8
9	6	7	12
4	15	14	1

16	5	2	11
3	10	13	8
9	4	7	14
6	15	12	1

四巧板

四巧板难以拼成“*T*”字形的原因是心理上的错觉造成的。

一般人看东西，心理上都有一种先入为主的错觉。就是说，人们第一眼看到的东西，往往根深蒂固，印象特别深，有时达到难以改变的地步。

这4块板中，我们往往首先注意到的总是那块最大的五边形，而且往往认定这块板在拼图时，不是平放就是直放，绝不会想到斜放，但情况恰恰相反，不斜放就拼不出“*T*”字来。所以这个游戏对克服错觉、发展思维能力有一定的帮助。

巧变图形

如图所示：

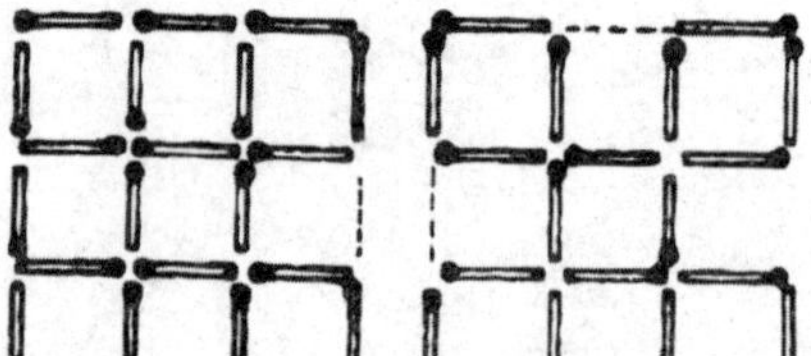

螺旋变三角形

详见图。

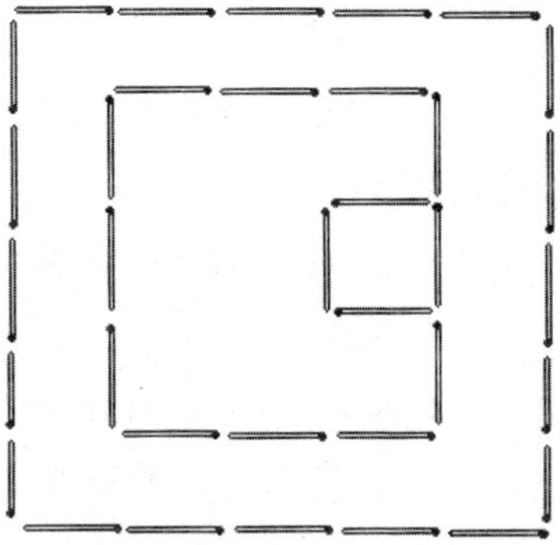

多变的三角形

经过观察可以发现，原图中每个三角形的其中两边，都是另两个三角形一边的延长。线能延长，顶点能否连接？这样思维便突破了原图的框架。如果将顶点连接线再继续延长，势必又会出现3个交点，于是这3个交点也就可以成为新三角形的顶点了。

所以答案是可以。如图所示，再加一个大正三角形，大小不一的正三角形就可以有14个了。

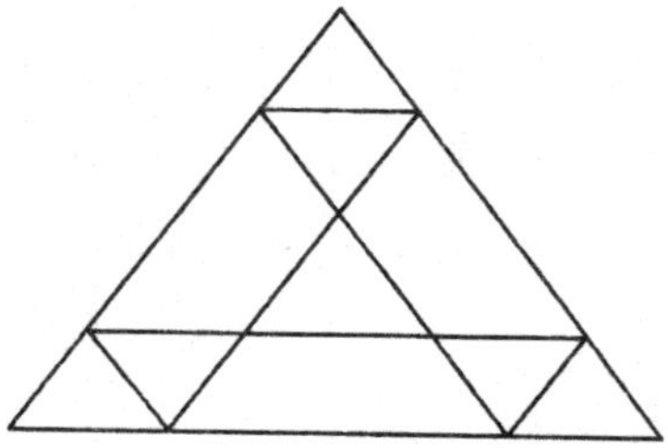

变化的三角形

如图所示：

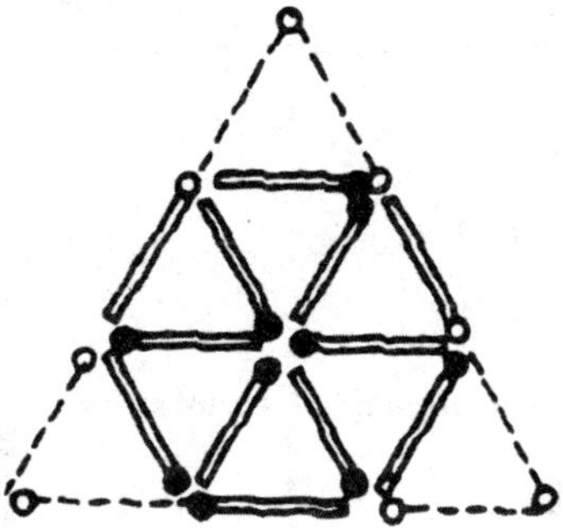

连取三角形

如图所示：

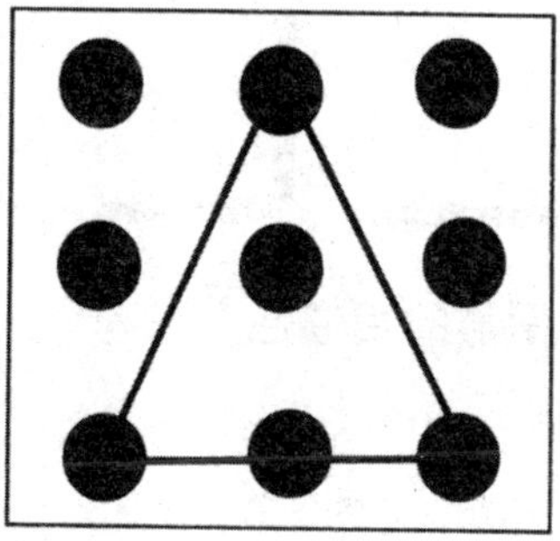

变幻的箭

详见图一、图二，图一为重摆8根火柴，图二为重摆7根火柴。

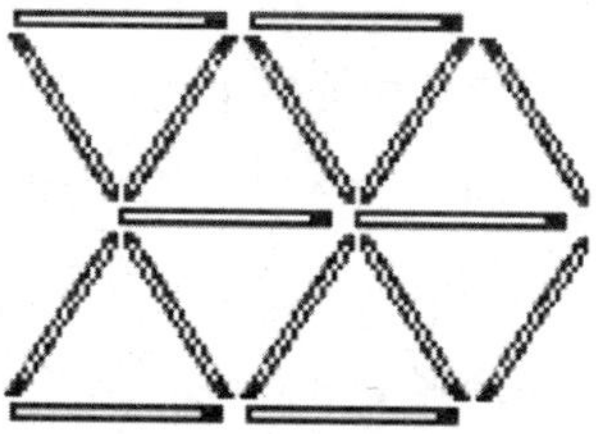

图一

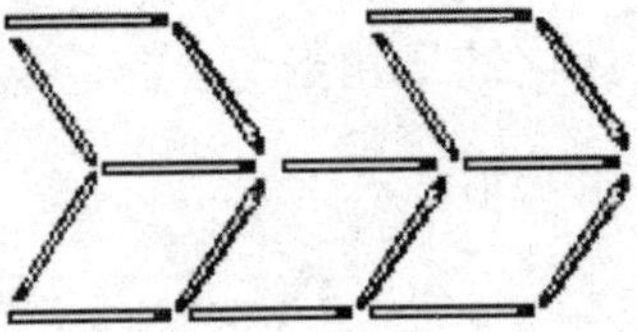

图二

变方块

详见图。

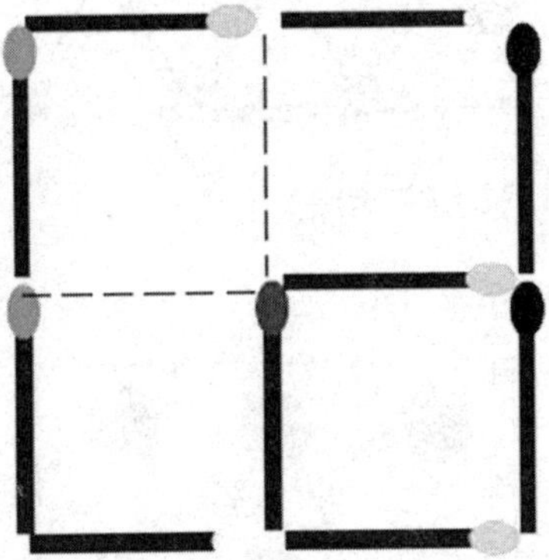

图形的相似性

图一中第二个图形为三条线，其中两条线的走势与第一个图形三角形的两条斜线走势相同，而第三个图形中的三条线与三角形的线条的走势完全一致。

图二中第二个图形中的两条线条的走势与该框中第一个图形的两条线条走势相同，另一条则走势不同，按上述规律，第三个图形的三条走势应与第一个图形完全相同，所以只有C答案正确。

相交的直线

要使交点的数目最少并不难，只要让所有的线都平行。

而要交点的数目最多就要难得多了。2条线只能交于一点；3条线交于3点；4条线交于6点，以此类推。

经过反复的试验，你将会找到交点数目最多的解法。所有你需要做的就是避免让任意2条直线相互平行，那么最终任意2条直线都会相交。

5条直线相交于10个点，所以，对于5条直线而言，最多有10个交点。

无穷无尽的圆

你可能认为最终圆面积将趋向0。然而，令人惊讶的是结果并非如此。精确的计算要用高等数学，最终结果圆的半径大约是第一个圆的1/8.7左右，或者说，约0.115单位。

点的里外

一个简单的封闭曲线不会与自身相交。遵循这个规则的绳圈总是可以伸展成一个圆。同样的，一根圆形的绳子也可以拉成一个不规则的环。但就环或圆而言，总是存在着里面和外面。

确定一个点是在里面还是在外面

的一种方法是仔细地遮住环的所有内部空间，但这很耗时。一个快而好的方法是画一条线，将该点和确定在环外面的区域连起来，然后计算这根连线与曲线相交的次数。如果两者相交了奇数次，那么点就在环的里面；如果相交了偶数次，那么点就在环的外面。

奇形怪状

C。在其他各组图形中，两个小图刚好能够拼成大图。

莫里三角形

是。这个完全意想不到的事实是由英国数学家弗兰克·莫里在 1899 年发现的。这也是这个三角形被称为“莫里三角形”的原因。

距离的组合

一共有 8 个两种不同距离的组合，都在这里给出了。

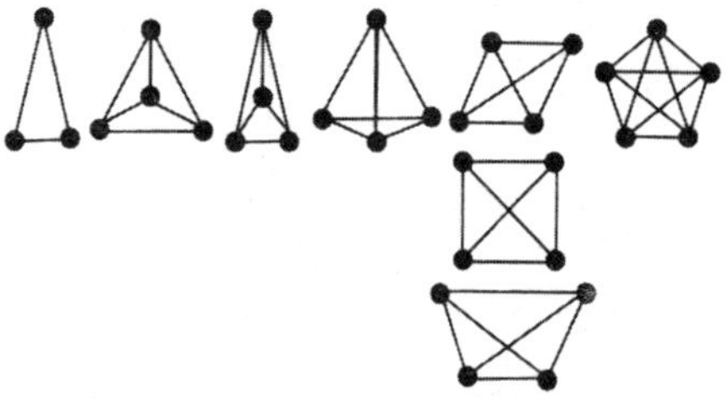

魔方的颜色

6 个小立方体一面是灰色；12 个小立方体两面是灰色；8 个小立方体三面是灰色；没有小立方体四面是灰色；1 个小立方体所有面都没有灰色。

一朵八瓣花

详见图。

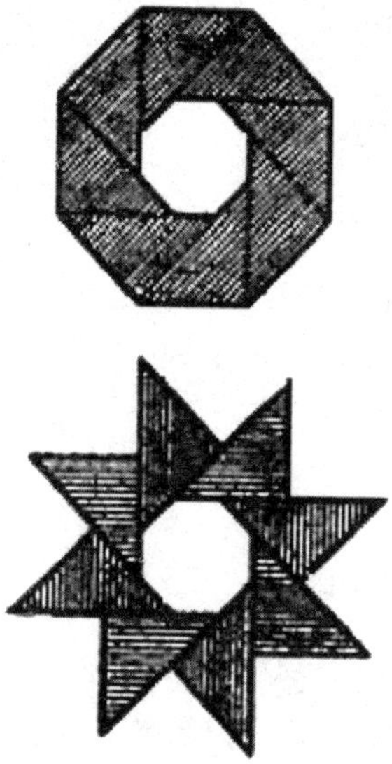

最大的图形

如图所示：

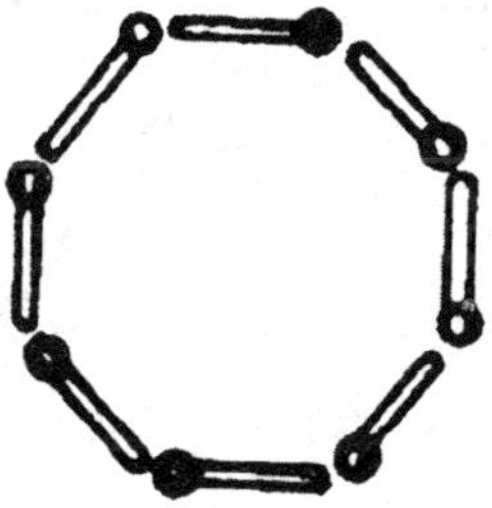

七巧板的难题

如图所示：

帕斯卡三角形

每个数字是它正上方两个数字之和。这样的数学题称为帕斯卡三角形。

蜘蛛网

最终呈现的图案是一个1：2的网。它还有个专门的名字：心形线或心脏线。

纸　虾

详见图一、图二。

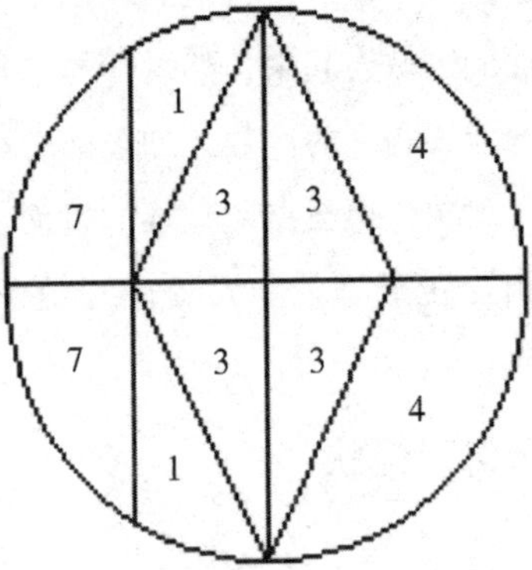

图一

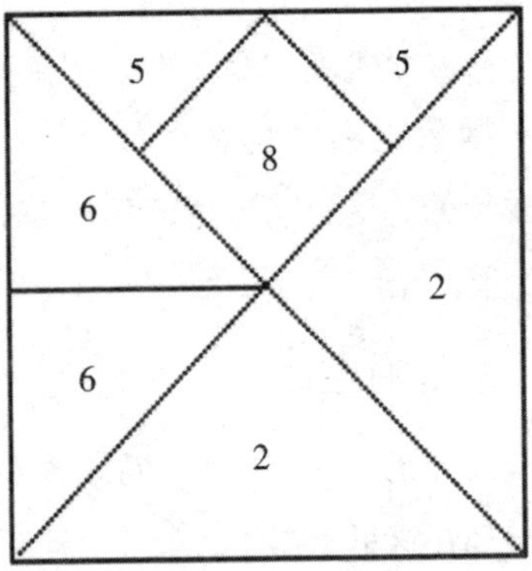

图二

妙用量具

如图所示，把量具倾斜，或者使量具的两个顶角与另两个底角处于同一个水平面上。此时所度量的水的体积正好是1升。

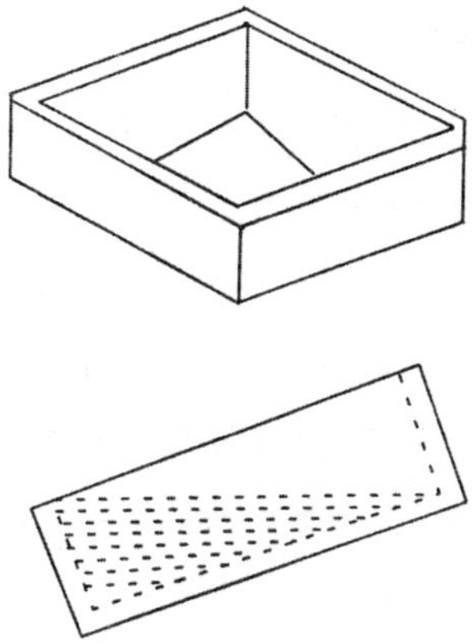

和而不同

答案B。在该项中，没有形成一个三角形。

月牙形阴影的面积

5平方厘米。

受固有知识的束缚，思维很容易放在逢数字必计算的思维框架中，进行单纯的计算。先求出圆的面积，再除以2得出半圆的面积……

此时只要注意观察一下这个图形，就会发现，半圆形向右平移1厘米，实际上是向右侵占了 $AA'C'C$ 的长方形空间。这与它平移后所拉开的月牙形部分是相等的。因此，阴影部分的面积等于长方形的面积，即5平方厘米。

如果再复杂一点，月牙形 $A'ABCC'$ 的面积减去半圆 $A'B'C'$ 的面积，同减去半圆 ABC 的面积是相等的。这样，就又回归到原来的观察上，仍然只是长方形的面积。

移走火柴棒

如图所示：

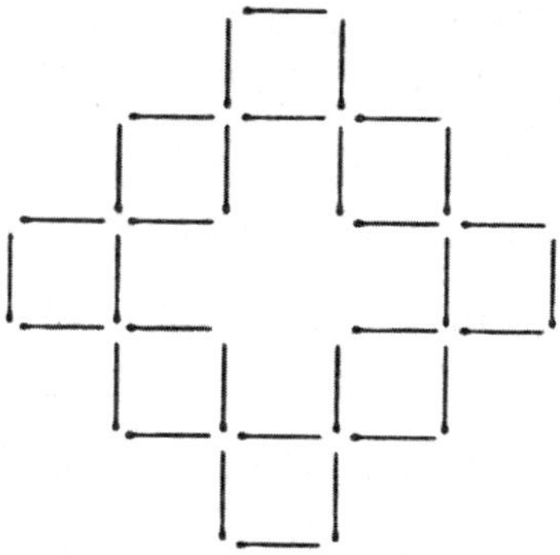

巧折立方体

E。

巧拼桌子

第一组图形的拼装比较容易，凭借第一感觉就能做到。只要将其中的一块木板翻转就可以了。

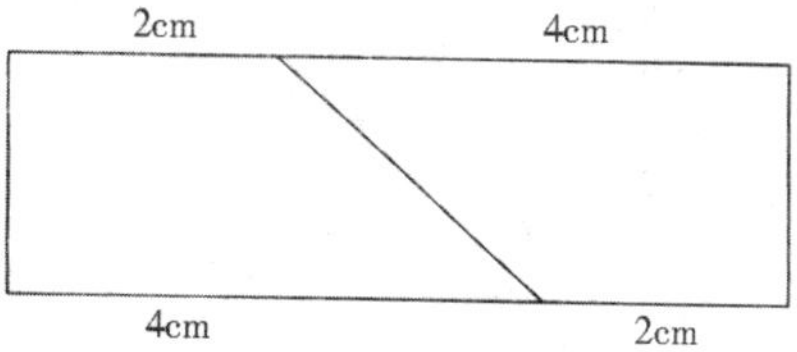

问题是在第一组图形拼装好以后，思维很容易在第一组图形的拼装顺序基础上继续向前滑行。将第二组

图形拼装成如下形状：

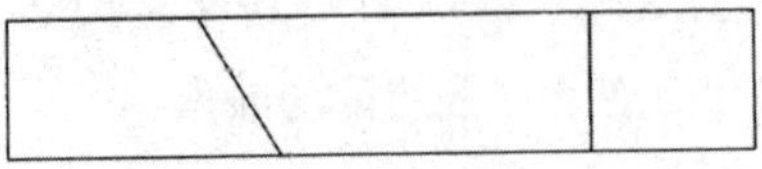

这种形状虽然也可以称得上是“简单”，但还不应算做是“最简单形状”。

如果思维满足于第二种拼装，无形中会加剧思维单一的惯性。从而不再改变对事物结构的认识，让思维继续向前滑行，用既定的思路认识第三组图形，从而更加剧了原有思维的框架，将第三组图形拼装成如下形状：

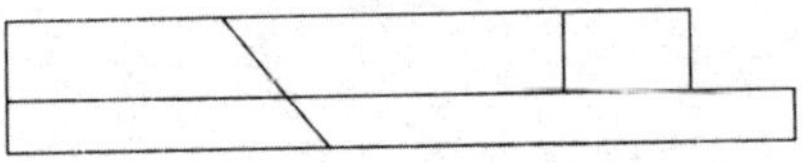

如果说第二组图形还能够称作简单图形，可以当桌子用，那么，第三组图形就不能称其为“桌子”了。

正确答案应按以下方法拼装：

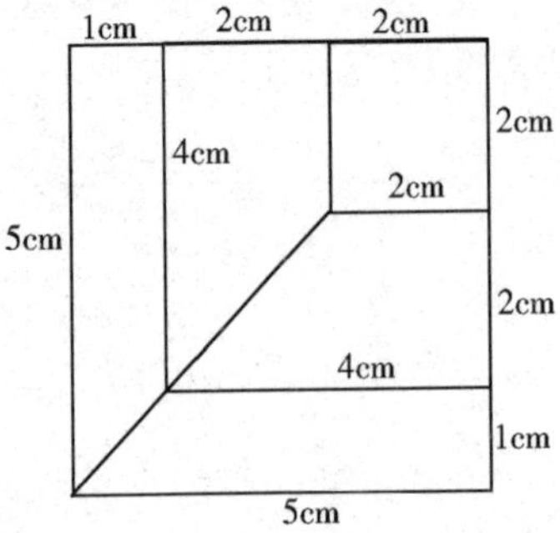

剪纸盒

如图，设这个没有盖子的立方体纸盒为 $ABCD-A'B'C'D'$，其中各侧面 $ABB'A'$、$BCC'B'$、$CDD'C'$、$DAA'D'$ 分别简记为Ⅰ、Ⅱ、Ⅲ、Ⅳ，底面 $ABCD$ 则简记为底。现在要把它展平，于是总要剪开几条棱。我们把着眼点放在底面 $ABCD$ 周围的四条棱 AB、BC、CD、DA 上。

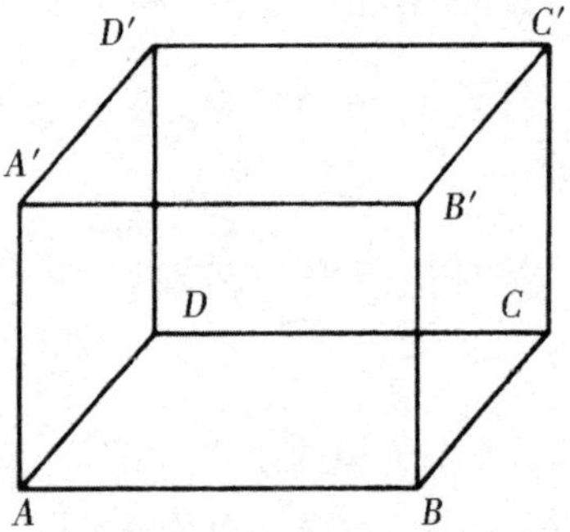

首先，如果这四条棱一条也不被剪开，那么只有把四条侧棱 AA'、BB'、CC'、DD' 都剪开才能把这个纸盒子展平。展成图为下图。

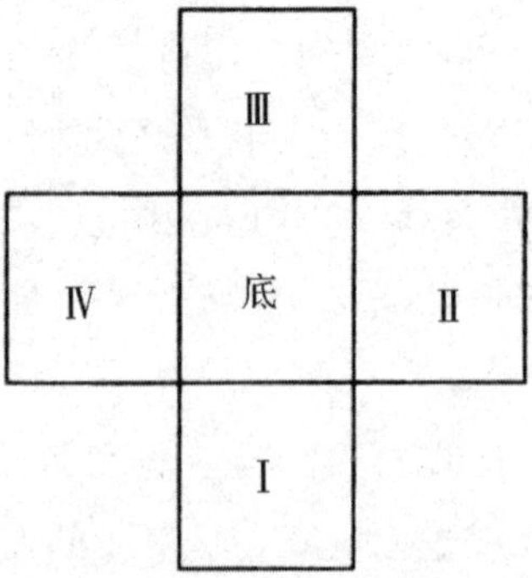

如果四条棱中仅一条被剪开，不妨设 AB 被剪开，则须在 AA'、BB' 中选一条剪开。但这样只是把侧面 $ABB'A'$ 像门一样打开了。要把这个纸盒展平，还必须剪开 CC' 和 DD' 这两条侧棱。展开的样式如下图。其中左边是剪开 AA' 的样式，右边是剪开 BB' 的样式。但因为这两种样式呈镜像对称，所以应算作同一种。

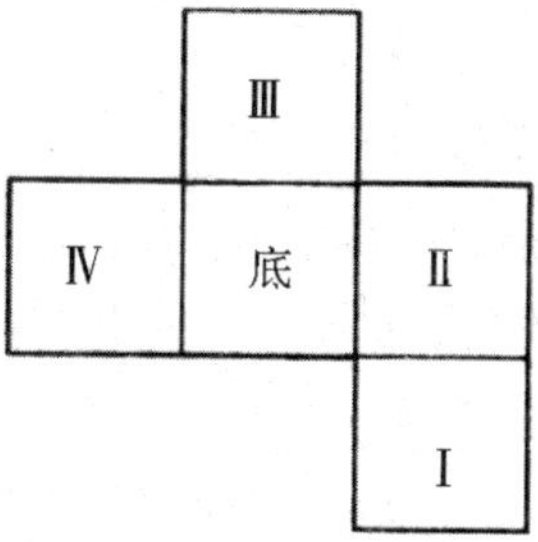

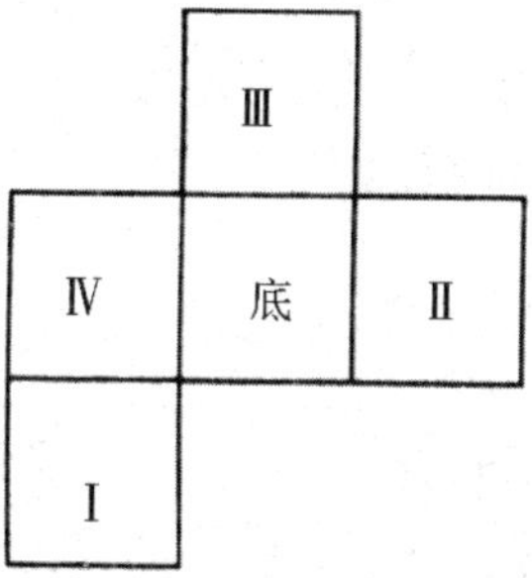

如果四条棱有两条被剪开，那么就会有以下两种情况：

第一种是剪开的两条棱是相邻的。设这两条棱为 AB 和 BC，那么可剪开 BB' 和 DD'，展成如下图左边的样式；也可以剪开 CC' 和 DD'，展成如下图中间的样式，也可以剪开 AA' 和 DD'，展开图形为下图右边的样式。但因为后两种样式呈镜像对称，所以应算作同一种。

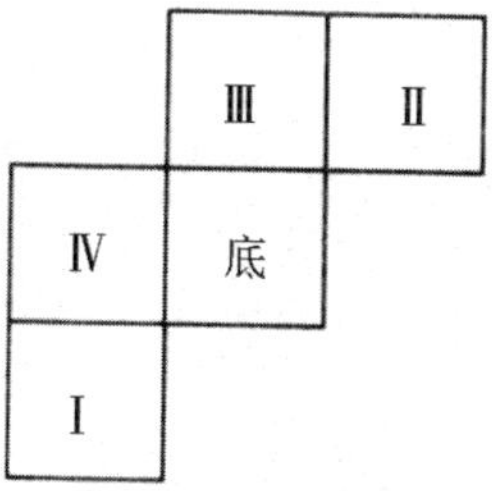

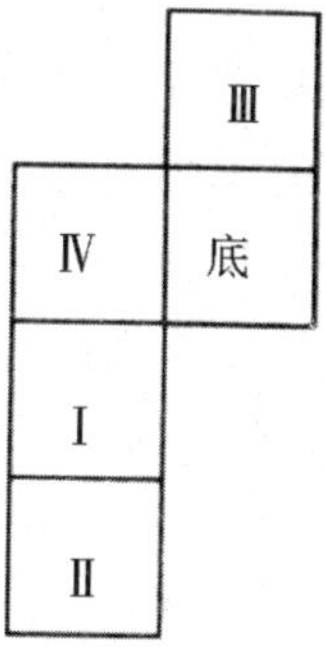

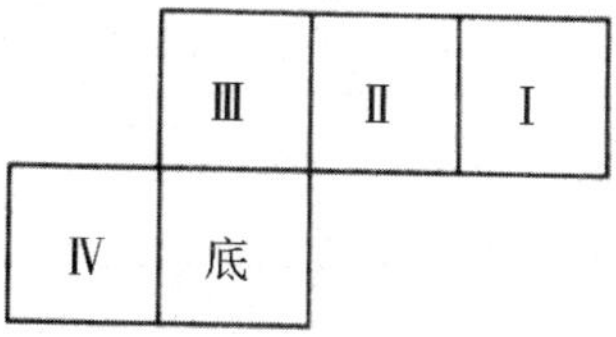

第二种是剪开的两条棱是不相邻的。设这两条棱为 AB 和 CD，那么可剪开 BB' 和 CC'，可剪开 AA' 和 DD'，可剪开 AA' 和 CC'，也可剪开 BB' 和 DD'。前两种剪法展成的样式可在平面内通过 180 度旋转相互变换；后两种剪法展成的样式则呈镜像对称。因此只能算两种样式，如下图。

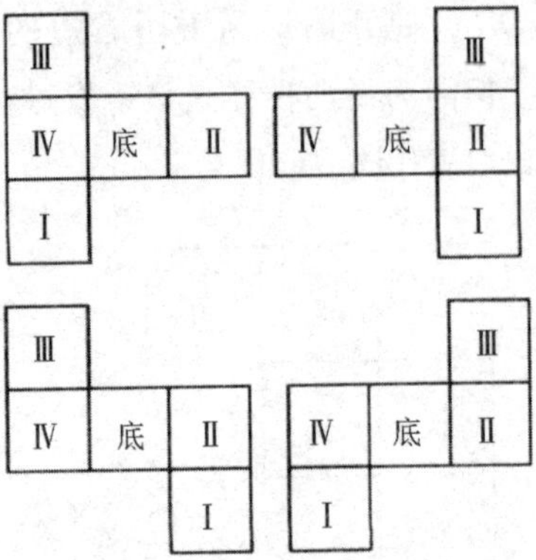

如果四条棱中有三条被剪开，那么必须在四条棱中剪开一条而且仅剪开一条，才能把这纸盒展开。这样就有四种剪法，导致四种样式，但其中两两成对，互相为镜像对称，因此只能算作两种，如图。

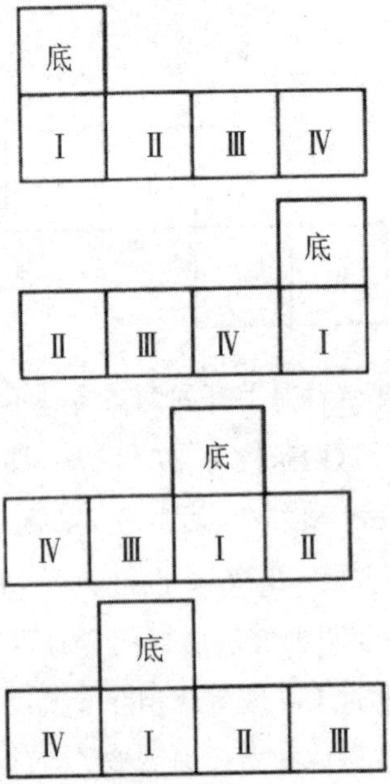

所以，最后结果是可以剪成 8 种不同的样式。

开环接金链

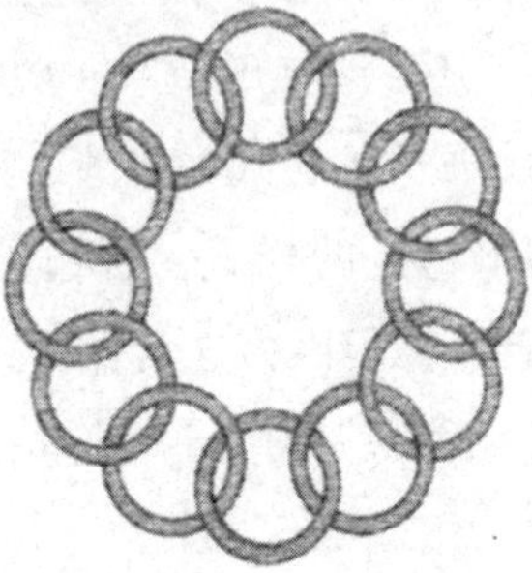

只要打开 3 个环。

随意打开其中一个环，只需要将 3 个环和其他的金链首尾相接就能相连成一个金链圈。

数正方形

大大小小的正方形共 36 个。

狗狗探险

如图所示：

迷乐园

如图所示：

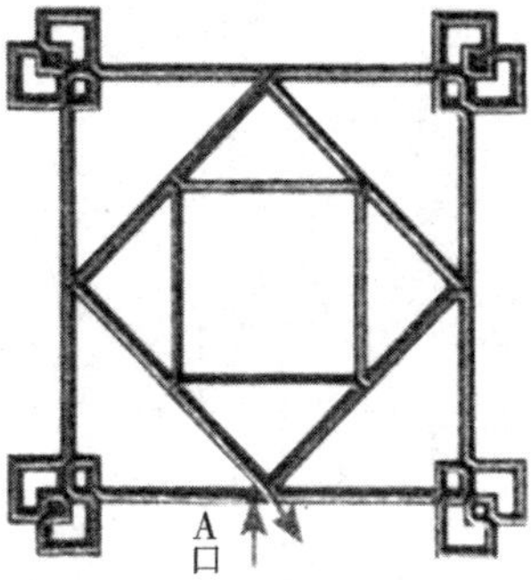

找伙伴

如图所示：

三分天下

如下图所示。爱因斯坦把它分成了3个完全一样的“桥形”。

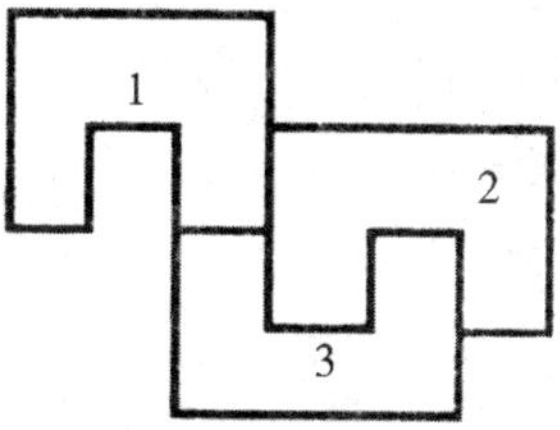

复杂的碑文符号

这个图可以经过13个转折一笔画成：

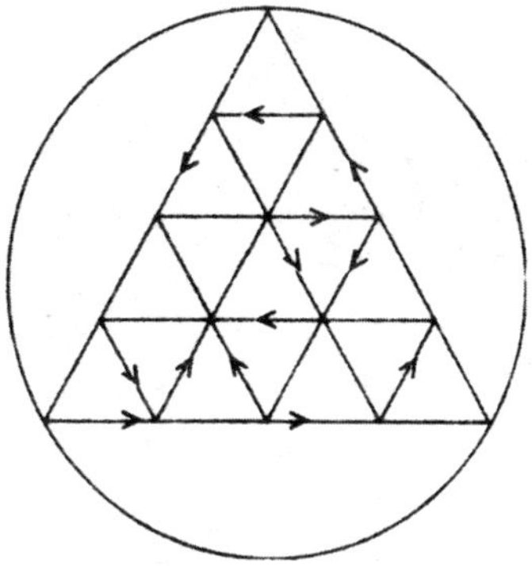

诸葛摆棋

走五星棋有个秘诀，这个秘诀叫尾追法，就是把头一次作为起点的交点，当做下一次的终点。依此类推，就可以成功。下面的图是每一步的走法。图中的空心圆圈代表起点，实心点代表终点。

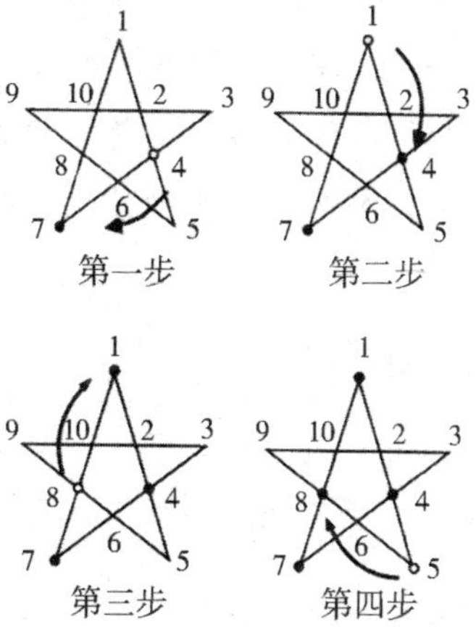

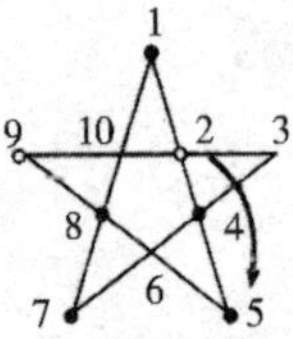

第五步

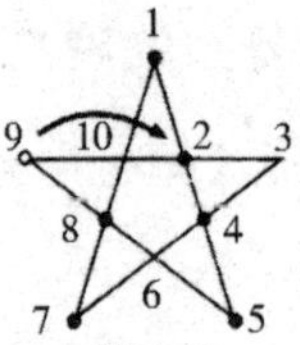

第六步

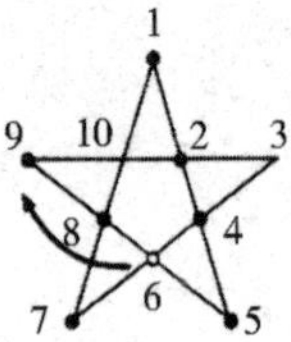

第七步

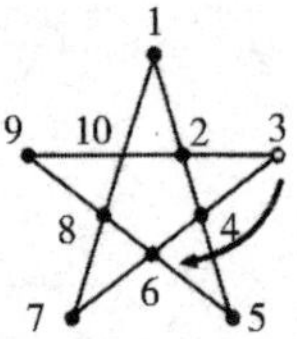

第八步

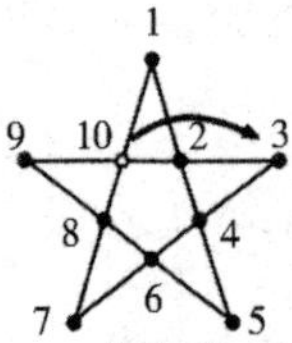

第九步

第一步，以 4 为起点，下第 1 颗棋子到 7；

第二步，以 1 为起点，下第 2 颗棋子到 4；

按照这种方法走，到第 9 步就以 10 为起点在 3 上下完最后 1 颗棋子。最后第 10 号交点空着，棋就下成了。如果不按这个规律，恐怕难以成功。

高斯解题

如图所示，共有 3 种拼法，其中 A、B、D、F 4 块要翻过来用。

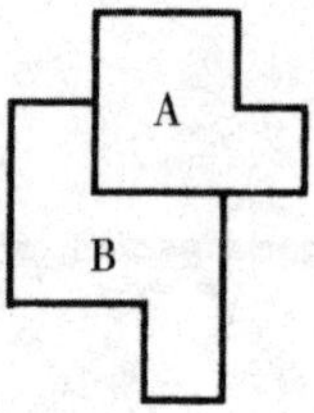

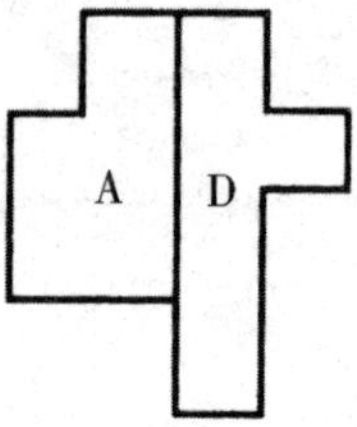

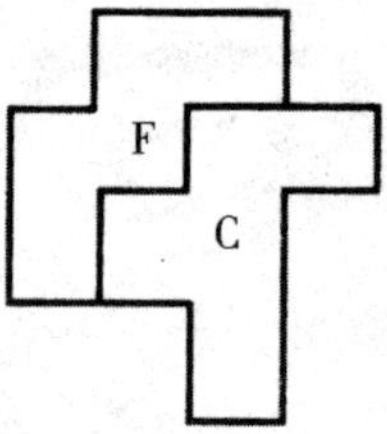

棋子游戏

争取先走。先占领下图的中间一格 e。如果对方占领 a，那么你可占领 h，迫使对方占领 b；你再占领 c，迫使对方占领 g。这时，你只要再把 h 上的棋子移到 i，e 上的棋子移到 f，就可获胜。

如果你占领了 e 后，对方占领 b，那你可先后占领 c、i，迫使对方占领

g、a。这时，你只要再把 e 上的棋子移到 f，就可获胜。

a	b	c
d	e	f
g	h	i

这一游戏并不存在一个可以必胜的策略，你应按取胜把握最大的策略进行竞赛。

逻辑谜题

谁是嫌疑犯

甲、乙、丙、丁四人涉嫌某案被传讯。

甲说："作案者是乙。"

乙说："作案者是甲。"

丙说："作案者不是我。"

丁说："作案者在我们四个人中。"

如果四个人中只有一个说真话，你能推出谁是作案者吗？

提升指数：★★☆☆☆

谁差钱

有个农夫，他的五个儿子都已成家立业。一个灾荒之年，农夫面临断顿，不得不求助于他的儿子们。他不知道哪个儿子有钱，但是他知道，兄弟之间彼此知道底细。且有钱的说的都是假话，没钱的才都说真话。

老大说："老三说过，我的四个兄弟中，恰有一个有钱。"

老二说："老五说过，我的四个兄弟中，恰有两个有钱。"

老三说："老四说过，我们兄弟五个都没钱。"

老四说："老大和老二都有钱。"

老五说："老三有钱，另外老大承认过他有钱。"

你能否帮助农夫分析一下，他的儿子中哪个有钱？

提升指数：★★☆☆☆

谁点的猪排

阿德里安、布福德和卡特 3 个人去餐厅吃饭，他们每人要的不是火腿就是猪排。我们已知下列情况：

①如果阿德里安要的是火腿，那么布福德要的就是猪排。

②阿德里安或卡特要的是火腿，但是不会两人都要火腿。

③布福德和卡特不会两人都要猪排。

你知道谁昨天要的是火腿，今天要的是猪排吗？

提升指数：★★☆☆☆

装珠宝的箱子

一位盗墓者在一个山洞里发现了两个箱子和一封信。信上说："这两个箱子其中之一装满了珠宝，另一个装有机关。如果你足够聪明，按照箱子上的提示就能找到打开的方法。"这时盗墓者看到两个箱子上都有一张纸条，第一个箱子上写着："另一个箱子上的纸条是真的，珠宝在这个箱子里。"第二个箱子上写着："另一个箱子上的话是假的，珠宝在另一个箱子里。"那么，他应该打开哪个箱子才不至于中机关而顺利得到珠宝呢？

提升指数：★★☆☆☆

地上的油漆

柯南博士和警长莫纳汉沿着一条小路缓缓地走着。这条小路从詹姆斯·厄斯特新油漆过的后门廊和后院的工具屋之间穿过。

"在这条小路的任何地方，"警长说，"厄斯特都可以看见费德·库帕被杀的情景。他是我们唯一可能的证人，但他却说什么也没有看见。"

"那他对此又做何解释？"厄斯特声称他一直走到工具房才发现油漆洒了一路。柯南于是更加仔细地察看油漆滴在地上的痕迹。从门廊到小路间，滴在路面的油漆呈圆点状，每隔两步一滴。从路中间到工具房，滴下的油漆则呈椭圆点状，间隔为五步一滴。进到工具房里，柯南发现门背后挂着一把大锁头。"无疑，他怕说出真情后会遭到凶手的报复。"柯南说，"但他肯定看到这里所发生的一切。"

试问：柯南为什么这么肯定厄斯特看到了所发生的一切？

提升指数：★★★☆☆

一美元纸币

一家小店刚开始营业，店堂中只有三位男顾客和一位女店主。当这三位男士同时站起来付账的时候，出现了以下的情况：

（1）这四个人每人都至少有一枚硬币，但都不是面值为 1 美分或 1 美元的硬币。

（2）这四人中没有一人能够兑开任何一枚硬币。

（3）一个叫 M 的男士要付的账单款额最大，一位叫 K 的男士要付的账单款额其次，一个叫 L 的男士要付的账单款额最小。

（4）每个男士无论怎样用手中所持的硬币付账，女店主都无法找清零钱。

（5）如果这三位男士相互之间等值调换一下手中的硬币，则每个人都可以付清自己的账单而无需找零。

（6）当这三位男士进行了两次等值调换以后，他们发现手中的硬币与各人自己原先所持的硬币没有一枚面值相同。

（7）随着事情的进一步发展，又出现如下的情况：

在付清了账单而且有两位男士离开以后，留下的男士又买了一些糖果。这位男士本来可以用他手中剩下的硬币付款，可是女店主却无法用她现在所持的硬币找清零钱。于是，这位男士用 1 美元的纸币付了糖果钱，但是现在女店主不得不把她的全部硬币都找给了他。

现在，请你不要管那天女店主怎么会在找零上屡屡遇到麻烦，这三位男士中谁用 1 美元的纸币付了糖果钱？

提升指数：★★★☆☆

粉笔盒

有 3 个带盖的粉笔盒，每个盒里都装有 2 根粉笔。知道其中的 1 个盒里装有 2 根白色粉笔，1 个盒里装有 2 根红色粉笔，1 个盒里装有 1 根白色和 1 根红色粉笔。粉笔盒外的标记有“白、红”，“白、白”，“红、红”，但与里面装的粉笔颜色全都不符。要求只能从其中的 1 个粉笔盒里取出 1 根来看，用这办法搞清楚每个盒里所装粉笔的颜色，至少要几次？为什么？

提升指数：★★☆☆☆

决斗的牛仔

阿莫斯、巴奇和考蒂之间有深仇大恨，不得不以手枪决斗了结。三个牛仔抽签决定决斗顺序，并约定他们每人开一枪，直到只剩一个人活着。

阿莫斯和巴奇都是百发百中的神枪手，但考蒂打中的概率只有50%。从这些条件中，你能算出谁最可能活下来吗？

提升指数：★★☆☆☆

设计路线

某参观团根据下列约束条件，从A、B、C、D、E 5个地方选定参观地点：

①若去A地，也必须去B地。

②D、E两地只去一地。

③B、C两地只去一地。

④C、D两地都去或都不去。

⑤若去E地，A、D两地也必须去。

那么，该参观团最多能去哪几个地方？理由是什么呢？

提升指数：★★★☆☆

穿越隧道

蒸汽机里，3个人坐在打开着的窗边。火车过隧道时，煤烟灰把他们的脸都弄脏了。他们看见对方的脸后都大笑起来。突然其中一个人停止了笑，因为他意识到自己的脸也被弄脏了。

他怎么知道的呢？

提升指数：★★☆☆☆

网球比赛

体育馆里正在进行一场精彩的室内网球双打赛。高重立、安卫国、李福至、卫立国这4位大家熟悉的运动员正准备上场，观众相互议论。

①高重立比安卫国年轻。

②李福至比他的两个对手年龄都大。

③高重立比他的搭档年纪大。

④安卫国和高重立的年龄差距要比李福至和卫立国的差距更大一些。

请问：4位运动员的年龄顺序为何？谁和谁搭档？

提升指数：★★☆☆☆

乌龟赛跑

有甲、乙、丙、丁4只乌龟，他们在本周进行了惯常赛跑。上一次比赛没有出现两只乌龟“并列第一”的情况，这次也一样。而且，上回的第一名不是丙乌龟。

4只乌龟所言如下，在上次比赛中名次下降的乌龟撒谎了，名次没有下降的乌龟说了实话。

甲：“乙上次是第二名。”

乙：“丙这次是第二名。”

丙：“丁这次比上次位置上升了。”

丁：“甲这次名次上升了。”

不巧的是他们的对话被兔子听到了。根据兔子的叙述，推测一下4只乌龟在上次和这次比赛中分别是第几名。

提升指数：★★☆☆☆

麻烦的任务

有一个五人小组，要派遣若干人去完成某项任务，但需同时符合以下条件：

①丁和戊至少要去一人。

②乙和丙只能去一人。

③假如戊去，甲和丁就都去。

④丙和丁要么两人都去，要么两人都不去。

⑤如果甲去，那么乙也去。

请问：应该让谁去完成任务呢？

提升指数：★★☆☆☆

到底是几点

亨特家住在农村，只有一台闹钟。今天因电池用完停了，亨特换好电池后急急忙忙去有钟的熟人家，看完时间后没有滞留就回到自己家，马上拨钟。拨钟时亨特才发现不知道自己在路上走了多少时间，但最后亨特还是把闹钟的指针拨到准确时间的位置上。

你猜亨特是怎样拨的？

提升指数：★★☆☆☆

爱因斯坦的谜题

这是爱因斯坦在20世纪初出的谜题，据说当时世界上有98%的人答不出来。

(1) 在一条街上，有5座房子，喷了5种颜色。

(2) 每座房子里住着不同国籍的人。

(3) 每个人喝不同的饮料，抽不同品牌的香烟，养不同的宠物。

提示：

(1) 英国人住红色房子。

(2) 瑞典人养狗。

(3) 丹麦人喝茶。

(4) 绿色房子在白色房子左面隔壁。

(5) 绿色房子主人喝咖啡。

(6) 抽 Pall Mall 香烟的人养鸟。

(7) 黄色房子主人抽 Dunhill 香烟。

(8) 住在中间房子的人喝牛奶。

(9) 挪威人住第一间房。

(10) 抽 Blends 香烟的人住在养猫的人隔壁。

(11) 养马的人住抽 Dunhill 香烟的人隔壁。

(12) 抽 Blue Master 的人喝啤酒。

(13) 德国人抽 Prince 香烟。

(14) 挪威人住蓝色房子隔壁。

(15) 抽 Blends 香烟的人有一个喝水的邻居。

问题是：谁养鱼？

提升指数：★★★★☆

杰克的成绩

杰克的成绩向来都是全班最差的，但在最近一次模拟考中，他居然考了第 1 名。导师威尔逊查问了怀疑同杰克作弊的 3 个好朋友——贾先、乔治、迈克。

以下是他们所说的话。

贾先：“如果杰克作弊的话，那一定是抄袭乔治的答案。”

乔治：“如果杰克作弊的话，那一定不是抄袭我的答案。”

迈克：“如果杰克没有作弊的话，那一定是他自己努力的结果。”

威尔逊听了之后想：“如果 3 个学生中只有不到两个人说谎的话，那杰克便是自己努力的结果！”

请问，杰克考第 1 名的原因到底为何？

提升指数：★★☆☆☆

对号入座

有 5 名学生，他们所在的班不同。每名学生都可以选择自己喜欢的课程和体育运动。

(1) 露丝在 3 班，贝蒂喜欢

跑步。

(2) 有个女孩喜欢打壁球，她不在5班。

(3) 4班的那个女孩喜欢游泳。伊丽莎白喜欢化学。

(4) 喜欢跑步的那个女孩在2班。

(5) 克拉拉喜欢历史但不喜欢打网球。

(6) 喜欢化学的那个女孩同样也喜欢打篮球。

(7) 艾米丽在6班，喜欢打壁球，但不喜欢地理。

(8) 喜欢生物的那个女孩同样也喜欢跑步。

推算出每个女孩所在的班、喜欢的课程和体育运动。

提升指数：★★☆☆☆

现场“细节”

一天，警察局接到一个案子：在一个公园里发现了一具尸体。查明后，死者是一家公司的总经理，名字叫菲奇。经过法医的检查，菲奇是因枪击身亡的，子弹从前额中央射入，从弹孔流出的血迹在他的右侧脸庞流成了一条血线，已经干硬。鲜血染红了死者衬衣的领子和绿色的领带。

警察叫来了死者的朋友库克，向他讲述了发现尸体的经过：早晨7点左右，一个晨练的人在公园里面向大海的长椅上发现了死者。警察赶到现场后在长椅下找到了射杀死者的那支手枪，上面只有死者的指纹。经法医检验，死亡时间大致是午夜到今晨3点之间。

然后，警察说出了警察局的调查经过和结论：“经过我们的调查，昨天晚上他在公园酒店参加了一个宴会。大约凌晨1点左右，海面上刮起了大风。菲奇对朋友说要方便一下，就离开了，之后就再没出现过。大约2点左右，他们以为菲奇回家了，也就散了，因为这已经不是他第一次中途离开了。再加上最近他遭遇了女儿的去世和工作上的困境，所以，我们判定他是自杀的。”

“自杀？不，我的朋友菲奇并不是自杀！”库克听后说道，“现场的情形也不能说明他是自杀，警察先生，因为你们忽视了一个至关重要的细节。”

你知道库克所说的“细节”是什么吗？

提升指数：★★☆☆☆

说谎的女佣

一天，盖伦接到凯思林太太打来的电话，说她放在桌上的 1000 美元不见了，请他赶快来一趟。

盖伦立刻赶到凯思林太太家，时针指在下午 17 点。他问凯思林太太最后一次见到钱是什么时候，凯思林太太说是 16 点钟。她说她把钱放在桌子上就去洗澡了，16 点半左右刚来就不见钱的影子了。

盖伦又问："当时有别的人在家吗?"

"有我的女佣露丝，她帮我料理一些家务。"

盖伦点点头，来到露丝的屋子。露丝热情地招呼他。盖伦坐在屋内唯一的一把椅子上，他感到椅子很凉。他问露丝，在凯思林太太丢钱的时候她在干什么。露丝回答说自己从下午 16 点开始，就一直在屋里，坐在盖伦现在坐的那把椅子上做针线活，从没离开半步。

听了露丝的描述，盖伦笑了，然后他说："小姐，我想我能在这个屋子里找到 1000 美元。你并没有一直坐在这里，你是在我敲你的房门时，才坐到椅子上的。"

露丝看着盖伦的脸，慢慢地低下了头。

盖伦是怎么知道的呢?

提升指数：★★☆☆☆

智辨罪犯

在新警察训练营里，实战经验非常丰富的李教官很招学员喜欢。

这天，李教官又开始和学员讨论了："今天咱们来个新节目，叫做'智辨罪犯'。大家一定要仔细观察。"说完，他就把一张光盘放进 DVD 中。

只见两个并肩走在一起的人。乍看起来并没有什么异样，但仔细一看，就会发现他俩一个人的右手和另一个人的左手铐在同一副手铐上。两人是背朝着屏幕的，所以不能看见他们的表情。

"大家看到了。这两个人用手铐各自铐上一只手，其中一个是便衣警察，一个是罪犯。那么，谁能判断一下到底谁是警察、谁是罪犯?"学员新村很快就举起了手，说出自己的判断。"新村的判断十分正确。不过不要忘了还有特殊情况哦。"新村的判断是怎样的？李教官所说的特殊情况又是什么呢？

提升指数：★★☆☆☆

真实的判断

我所有的孙子都不满17岁，我所有的孙女都很漂亮，所有的孙子都是红发蓝眼。我最大的孙子长着红头发，法定选举年龄是18岁，根据以上情况可以断定下面的哪个叙述是真实的？

A. 我的最大的孙子没有参加选举。

B. 我的最大的孙子是一个漂亮的孩子。

C. 我的最小的孙子会开车。

D. 我的最小的孙子长着短发。

提升指数：★★☆☆☆

火中逃生

德国有一种火灾救生器，其实就是在滑轮两边用绳索吊着两个大篮子。把一个篮子放下去的时候，另一个篮子就会升上来，如果在其中的一个篮子里放一件东西作为平衡物，则另一个较重的物体就可以放在另外的篮子里往下送。假如一只篮子空着，另一只篮子里放的东西不超过30磅（1磅=0. 4536千克），则下降时可保证安全。假如两只篮子里都放着重物，则它们的重量之差也不得超过30磅。

有一天夜里，罗宾逊的家里突然发生火灾。除了重90磅的罗宾逊和重110磅的妻子之外，他还有一个重30磅的孩子，和一只重60磅的宠物狗。

现在知道每只篮子都大得足以装进三个人和一只狗，但别的东西都不能放在篮子里。而且狗和孩子如果没有罗宾逊或他的妻子的帮助，自己不会爬进或爬出篮子。

你能想出好办法尽快使这三个人和一只狗安全地从火中逃生吗？

提升指数：★★★☆☆

兔子的谎言

有四只兔子，年龄分别为一岁到四岁。它们中有两只说话了，无论谁说话，如果说的是关于比它大的兔子的话都是假话，说比它小的兔子的话都是真话。兔子甲说：“兔子乙三岁。”兔子丙说：“兔子甲不是一岁。”

你能知道这四只兔子分别是几岁吗?

提升指数：★★☆☆☆

难问的问题

有甲、乙两个相邻的国家，甲国居民都是诚实的人，乙国的居民都是骗子。当你问一个问题时，甲国的居民会告诉你正确的答案，而乙国的居民给你的答案都是错误的。一天，一个学者独自来到了两国中的地方。他分辨不清这个国是甲国还是乙国，只知道这个国家的人既有本国的居民又有另一国的来客。他想问国中的人“这是甲国还是乙国”，却又无法判断被问者的答案是否正确。学者动脑筋想了一会儿，终于想出一个办法。他只需要问他所遇到的任意一个人一句话，就能从对方的回答中准确无误地断定这里是哪个国。

你知道学者所问的是什么问题吗?

提升指数：★★☆☆☆

安排客人

假如你是一个世界宾馆的经理，你的宾馆有无穷多个房间。无论宾馆有多拥挤，你都能给新来的客人安排房间：只要简单地把1号房间的客人移到2号。2号房间的客人移到3号，3号房间的客人移到4号，以此类推。把所有的客人都用此方法安置好后，你就可以把新来的客人安排在1号房间。

现在有一个问题，当你正打算放假时，来了一批开会的客人。由于会议讨论的问题很是热门，又来了无穷多个参与的人。你已经有了无穷多个客人，那你怎么安排这批新客人呢?

提升指数：★★☆☆☆

考试日期

周一早上，逻辑学教授对全体学生宣布：“我们将在周日前进行一次期中考试。”

有位胆大的学生向教授建议：“为了让考试具有突然性，如果同学们在当天早上知道要进行考试，当天的考试就不能进行。”教授一听，觉得学生说的有道理，就接受了他的提议。

周三课上，逻辑学教授宣布考试的时候，那位胆大的学生说：“教授，考试应该取消，因为按照您的承诺，这周里的任意一天都不能考试。”

你知道学生为什么这么说吗？如果你是教授，该如何应付这个情况呢？

提升指数：★★★☆☆

他该问什么

国王有两个女儿——总是说真话的阿米丽雅和总是说假话的蕾拉。其中有一个已经结婚了，另一个还没有。但国王一直没有公开这门婚事，就连是哪个女儿结婚了也保密。

为了给另一个女儿也找到合适的驸马，国王举行了一场比武会，胜者可以说出他希望娶的公主的名字。如果公主是单身，那第二天他们就能成婚。国王说他可以向某一个公主问一个问题，但问题不能超过五个字，而且人们也并不知道哪个公主叫什么名字。请问他该问什么问题？

提升指数：★★☆☆☆

过　桥

有位英明的总督，他的辖区内有一座桥通往外国。为了不让罪犯偷越国境，总督给所有过桥的人订立了一条法律，所有过桥的人必须说明自己的去向，说实话的人可以过桥，说谎的人要立刻在桥边绞死。

有个人来到桥边，守桥的士兵照例问他：“你往何处去？”

那人说：“我是到桥边来被绞死的。”

士兵不知该如何是好，只能请示总督。

提升指数：★★☆☆☆

3 个人的职位

格里、安尼塔和罗斯在一个公司分别任主席、董事长和秘书的职位，但不知谁的职位是什么。现在只知道，秘书是独生子女，挣钱最少。而罗斯与格里的兄弟结了婚，挣的钱比董事长多。

根据这些条件，你能说出他们分别任哪个职位吗？

提升指数：★★☆☆☆

手套的墨菲法则

爱德华·A. 墨菲船长说过：“从所有可能发生的倒霉事中都会发现，

它们总在最糟糕的时候发生。”而下面这个手套问题是否也会验证墨菲法则呢？

假设你洗了五副手套后，发现掉了两只。这种情况可能是：

（1）掉了的两只手套不是一副，你只剩三副手套了。

（2）掉了的两只手套正好是一副，于是你还有四副手套。

提升指数：★★★☆☆

我戴的是黑帽子

有一个土耳其商人，想找一个助手协助他经商。但是，他要的这个助手必须十分聪明才行。消息传出的三天后，有甲、乙两人前来联系。

商人为了试一试甲、乙两个人中哪一个聪明一些，就把他们带进一间伸手不见五指的漆黑的房子里。商人打开电灯说：“这张桌子上有五顶帽子，两顶是红色的，三顶是黑色的。现在，我把灯关掉，并把帽子摆的位置搞乱，然后，我们三人每人摸一顶帽子戴在头上。当我把灯开亮时，请你们尽快地说出自己头上戴的帽子是什么颜色的。”说完之后，他们就这样做了。

待这一切做完之后，商人把电灯重新开亮。这时候，那两个人看到商人头上戴的是一顶红色的帽子。

过了一会儿，甲喊道：“我戴的是黑帽子。”甲是如何推理的呢？

提升指数：★★☆☆☆

天堂里的游戏

有个人死后来到天堂，天使领着他在天堂各处参观。他们来到高墙下，天使说：“嘘——轻点。”

说完，他悄悄从旁边搬来一个长梯子。天使先爬上去，然后招手让那个人也爬上去。他们站在梯子的顶端向里面张望着。原来，这是一块被墙围起来的草地，草地的正中坐着七个少年。“他们在干什么？”那个人问。

天使说：“到了天堂，他们志同道合，天天聚在一起玩智力游戏。今天，他们大概在猜帽子吧。”六个少年A、B、C、D、E、F按六边形围坐着，另一个少年G则用毛巾蒙着眼睛坐在当中。有人往每人头上戴一顶帽子，其中四顶白帽子，三顶黑帽子。由于G挡住了视线，六个少年都看不见自己正对面的人戴的是什么颜色的帽子。

现在，让A、B、C、D、E、F猜自己头上戴的帽子的颜色。智力游戏一开始，六个少年陷入沉思，一时都猜不出来。这时，坐在当中的G说："我猜到了，我戴的是白帽子。"

G是如何推理的？

提升指数：★★★☆☆

谁杀了医生

一位精神病医院的医生被杀，由他负责诊治的四位病人被警方传讯。警方根据目击者的证词得知，在医生死亡那天，这四位病人都单独去过一次医生的寓所。在传讯前，这四个病人共同商定，每个人向警方作的供词条条都是谎言。

甲："我们四个人谁也没有杀害医生。我离开精神病医生寓所的时候，他还活着。"

乙："我是第二个去精神病医生寓所的家的。我到达他寓所的时候，他已经死了。"

丙："我是第三个去精神病医生寓所的。我到达他寓所的时候，他还活着。"

丁："凶手不是在我去精神病医生寓所之后去的。我到达精神病医生寓所的时候，他已经死了。"

你能从中判断出是谁杀了医生吗？

提升指数：★★☆☆☆

凶器是什么

一具女尸在沙漠腹地被人发现。死者随身携带的首饰和钱包被洗劫一空，一只丝袜也被凶手扯下来扔在一边。验尸官报告说受害者是由于头部受到钝器击打而死。警察搜查附近的村落，抓住了嫌疑犯，但是由于找不到嫌疑犯使用的凶器，始终无法定罪。案子被移交给了更高一级的法院。接手此案的是个有丰富经验的法官，他仔细阅读了关于案件的材料，最后找出了嫌疑犯的作案方式和凶器，嫌疑犯只得认罪伏法。

凶器究竟是什么呢？

提升指数：★★☆☆☆

谁和谁是一家

李由、海森、卫国3位男士，分别和兰花、百合、玫瑰3位女士结为夫妻，并都各生了一个儿子，名字叫做晓明、旭冉、扬帆。但是我们并不清楚他们之间确定的配对关系，只知道如下几条线索：

①卫国不是玫瑰的丈夫，也不是旭冉的父亲，

②兰花不是海森的妻子，也不是晓明的母亲，

③如果晓明的父亲是海森或卫国，玫瑰就是扬帆的母亲。

④如果玫瑰是李由或海森的妻子，百合就不是晓明的母亲。

请问，这3位男士的妻子和儿子各是谁？

提升指数：★★☆☆☆

真话还是假话

爱民自从当选民意代表后，便疏于走访基层，以致渐渐忘了各地选民的特性以及他们的居住地。

转眼间，又快要选举了。想连任的爱民不得不再度走访基层。

这天，他又要到上水村去。但途经无从判断哪一边才是正确方向的岔路，他只能确定路的一边是通往村民都会说实话的上水村，另一边则是通往村民都会说谎话的下水村。

还好，正巧有人出现在岔路口附近，只是这次有两个人。已知其中一个是上水村的人，另一个是下水村的人，但是无法确定哪个人是哪一村的。

请问，爱民要如何只问其中一个人一个问题，就可以知道前往上水村的路？

提升指数：★★☆☆☆

谁后面是红旗

甲、乙、丙、丁4人坐在一张方桌的4面，每人身后放着一面彩旗，红色或黄色的，他们都能看到别人身后的彩旗，但看不到自己身后的彩旗，丁问：“你们每人看到了什么颜色的彩旗？”甲说：“我看到了3面黄色的旗。”乙说：“我看到了一面红色的旗和两面黄色的旗。”丙说：“我看到了3面红旗。”

这三个人的回答中，身后放黄色旗的人说了假话，而身后放红色旗的人说了真话。试问，谁的身后有红旗？

提升指数：★★☆☆☆

他们都在干什么

住在某个旅馆的同一房间的四个人甲、乙、丙、丁正在听一个故事。她们当中有一个人在修指甲，一个人在写信，一个人躺在床上，另一个人在看书。

(1) 甲不在修指甲，也不在看书。

(2) 乙不躺在床上，也不在修指甲。

(3) 如果甲不躺在床上，那么丁不在修指甲。

(4) 丙既不在看书，也不在修指甲。

(5) 丁不在看书，也不躺在床上。

她们各自在做什么呢？

提升指数：★★☆☆☆

汽车是谁的

凯特、丽萨和玛丽每人都拥有3辆车：一辆双门、一辆四门、一辆五门。每个人也都分别有一辆别克、一辆现代、一辆奥迪牌汽车。但是，同一品牌的汽车的门的数量却各不相同：凯特的别克汽车的门的数量与丽萨的现代汽车的门的数量一样；玛丽的别克汽车的门的数量与凯特的现代汽车的门的数量一样；凯特的奥迪汽车为双门，而丽萨的奥迪汽车则有四门。

请问：

(1) 谁拥有一辆双门的别克汽车？

(2) 谁拥有一辆四门的别克汽车？

(3) 谁拥有一辆五门的别克汽车？

(4) 谁拥有一辆五门的现代汽车？

(5) 谁拥有一辆五门的奥迪汽车？

提升指数：★★☆☆☆

钥匙在哪里

空空是个马大哈，钥匙经常找不着。这天姐姐想故意刁难他一下，就把钥匙放在书桌的抽屉里，并在三个抽屉上各贴了一张纸条。

(1) 左面抽屉的纸条上写着：钥匙在这里。

(2) 中间抽屉的纸条上写着：钥

匙不在这里。

（3）右面抽屉的纸条上写着：钥匙不在左右抽屉里。

姐姐说："三张纸条只有一句是真话，两句是假话。你能只打开一只抽屉就取出钥匙吗？"

空空想了想，根据判断打开一只抽屉，钥匙果真就在那里。

请你想想看，钥匙到底在哪一个抽屉里？

提升指数：★★☆☆☆

如何穿戴

关于星期六下午观看棒球比赛时的穿戴，学校的男生宿舍楼前贴了一张《穿戴规定》：

（1）16 岁以上的男生才能穿燕尾服。

（2）15 岁以下的男生不准戴大礼帽。

（3）星期六下午观看棒球比赛的男生必须戴大礼帽或穿燕尾服，或者既戴大礼帽又穿燕尾服。

（4）带伴侣前来的或 16 岁以上的男生，或 16 岁以上的带伴侣前来的男生，不准穿毛衣。

（5）男生们一定不可以不看球赛和不穿毛衣，或者既不看球赛也不穿毛衣。

那么，星期六下午观看棒球比赛的男生们究竟该如何穿戴呢？

提升指数：★★☆☆☆

他们各打中了多少环

上尉、少校和将军在训练场上射击。训练结束后，3 个人各自数出了自己射中的环数，然后每个人说了 3 句话。

上尉说："我打中了 180 环，比少校少 40 环，比将军多 20 环。"

少校说："我打中的环数不是最少的，我的环数和将军的环数相差 60 环。将军打中了 240 环。"

将军说："我打中的环数比上尉少，上尉打中 200 环，少校打中的环数比上尉多 60 环。"

有位士兵跑过去，数了数 3 个靶子上的弹洞，分别是 240 环、200 环和 180 环。

如果 3 位军官每人都说了一句假话，那么他们各自打中多少环呢？

提升指数：★★★☆☆

凶手是谁

四名嫌疑人杰克·维休斯、西德·斯福特、阿尔夫·马金和吉姆·彭斯在凶杀现场接受审讯。每个人都被问了一个问题。他们的回答如下。

杰克·维休斯："西德·斯福特是凶手。"

西德·斯福特："吉姆·彭斯才是凶手。"

阿尔夫·马金："我没有杀人。"

吉姆·彭斯："西德·斯福特在说谎。"

已知这四个人中只有一人说了真话。请问凶手是谁?

提升指数：★★☆☆☆

到底中了几枪

一天夜晚，住在某个旅馆里的一位空姐被人枪杀。

凶手是从30米外的对面的屋顶用无声手枪射中她的。窗户是关着的，窗子上有一个弹洞。从这一迹象来看，凶手只开了一枪。但奇怪的是，被害者的胸部和腿部都中弹了——大腿被子弹射穿，胸部也留有子弹。这样看来，凶手好像开了两枪。如果凶手开了两枪，那么另外一颗子弹是从哪里射入被害人的房间的呢?这颗子弹又在哪里呢?

大家无法回答，于是去请教大胡子探长。大胡子探长肯定地回答说："只中了一枪。"

那么，大胡子探长根据什么这么说呢?

提升指数：★★☆☆☆

林肯辩护

美国著名总统林肯曾经是一名律师。有一次，他替一位被告进行辩护。这位被告被控持枪杀人，但在审讯过程中，被告却不认罪，坚决声称自己是清白的。但对方的证人却一口咬定他亲眼目睹了被告杀人的全过程。

证人提供的证词是这样的：7月20日晚上10时，我站在一棵大树后面，亲眼看见被告在离大树西边30米处的草堆旁用枪击毙了死者。因为当时月光正照在嫌疑人的脸上，所以我看得非常清楚。杀人者就是被告。

证词听起来似乎无懈可击，但林肯却根据这一证词认定证人是在诬告，成功地为被告摆脱了莫须有的罪名。你知道林肯是如何从证词中看出破绽，反败为胜的吗？

提升指数：★★★☆☆

法官审案

有个法院开庭审理一起盗窃案件，某地的甲、乙、丁三人被押上法庭。负责审理这个案件的法官是这样想的：肯提供真实情况的不可能是盗窃犯，真正的盗窃犯为了掩盖罪行，一定会编造口供。因此，他得出了这样的结论：说真话的肯定不是盗窃犯，说假话的肯定就是盗窃犯。审判的结果也证明了法官的这个想法是正确的。

审问开始了。

法官先问甲："你是怎样进行盗窃的？从实招来！"甲回答了法官的问题："叽里咕噜，叽里咕噜……"甲讲的是某地的方言，法官根本听不懂他讲的是什么意思。法官又问乙和丁："刚才甲是怎样回答我的提问的？叽里咕噜，叽里咕噜，是什么意思？"乙说："禀告法官，甲的意思是说，他不是盗窃犯。"丁说："禀告法官，甲刚才已经招供了，他承认自己就是盗窃犯。"乙和丁说的话，法官是能听懂的。听了乙和丁的话之后，这位法官马上断定：乙无罪，丁是盗窃犯。

请问：这位聪明的法官为什么能根据乙和丁的回答，做出这样的判断？甲到底是不是盗窃犯？

提升指数：★★★☆☆

医院杀人案

一天早晨，住在3楼单人病房的一名男患者死在病床上，但不是病死的，而是胸部被刺了一刀致死的。凶器匕首被从窗户扔到院子里。但也许是怕留下指纹的缘故，刀柄上胡乱缠着绷带，而且不知为什么刀柄上爬满了蚂蚁。

由于是深夜作的案，所以大家一致认为是住院的患者所为，经调查，找出以下3名嫌疑犯：

4号病房的肠扭结患者；

7号病房的糖尿病患者；

18号病房的肾炎病患者。

警方在询问了护士之后，果断地说："那么，凶手就是这个病人。"当即指出了凶手。

请问，是几号病房的患者？

提升指数：★★☆☆☆

阳台上的凶杀案

新一届的奥运会就要举办了，每个运动员都在抓紧练习。住在体育公寓的运动员也不例外。萨马是国家体操运动员，曾经两次得到世界冠军，所以这次的奥运会，大家都对他期望很大。

周日，萨马很早就起床了。他住在公寓的5楼，有一个很大的阳台，阳台一角放着运动器械。他来到阳台上，压压腿，做些倒立。对面阳台上，有个小朋友看得直叫好，可是就在这时，只听见“砰”的一声，萨马就倒在阳台上不动了。

马里探长闻讯赶来。他检查了尸体，发现子弹是从背后射入的。有一颗弹头嵌在阳台的地板上，和死者的伤口完全吻合。探长捡起弹头，仔细辨认了一下，发现这是专门用于射击比赛的子弹。

经过进一步调查，得知这栋楼的2楼住着一个射击运动员叫山姆，就对他进行了调查。山姆生气地说：“你们这是在怀疑我？看看，子弹是从他后背进去，下腹出来的。显然凶手是从上面向下射击，可是我是住在2楼，怎么可能呢？”经过对山姆周围邻居的调查，证实早上山姆确实没有出门，那么凶手会是谁呢？

马里探长想了想，心中有了答案。那么，你知道凶手是谁吗？

提升指数：★★☆☆☆

密室人命案

一个夏天的夜晚，一所独门独院的别墅里，一犯罪团伙的头目被枪杀。第二天早晨尸体被发现，凶器是丢在尸体旁边的一支手枪。可是，那间房子的门是从里面反锁着的。面积狭小的窗户从里面插着插销，并且窗外是很坚固的铁条防盗护栏。只有窗户下角的玻璃坏了一块，那里已经拉了一张蜘蛛网，连一只苍蝇也别想出入。也就是说，这是一个完完全全的密室。

你能推断出罪犯是如何枪杀了团伙头目的吗？

提升指数：★★☆☆☆

“走错”房间的窃贼

夏威夷是一个美丽的地方，每年来这里度假旅游的人络绎不绝。

多里警长今年也来这里度假，他住在海边一家四层楼的宾馆里。这家宾馆三、四两层全是单人间，他住在403房。

这天，游玩了一天的多里草草吃了晚餐便回到房间，想洗个热水澡，早点休息。正当他走进浴室准备放水时，听到了两声“笃笃”的敲门声，多里以为是敲别人的房门，没有理会。一会儿一位陌生的小伙子推开房门，悄悄走了进来。原来多里的房门没有锁好。

小伙子看到多里后有些惊慌，但很快反应过来，彬彬有礼地说：“对不起！我走错房间了，我住304。”说着他摊开手中的钥匙让多里看，以证明他没有说谎。多里笑了笑说：“没关系，这是常有的事儿。”

小伙子走后，多里马上给宾馆保安部打电话：“请立即搜查304房的客人，他正在四楼作案。”保安人员迅速赶到四楼，抓到了正在行窃的那个小伙子，并从他身上和房间里搜出了首饰、皮包、证件、大笔现钞和他自己配制的钥匙。

保安人员不解地问多里：“警长先生，你怎么知道他是窃贼呢？”

你知道这是怎么回事吗？

提升指数：★★☆☆☆

煤矿事故

某煤矿发生了一起事故。现场的矿工议论纷纷：

矿工甲：“发生事故的原因是设备问题。”

矿工乙：“发生事故的原因不是设备问题，是有人违反了操作规范。”

矿工丙：“如果发生事故的原因是设备问题，则有人违反了操作规范。”

矿工丁：“发生事故的原因是设备问题，并没有人违反操作规范。”

如果以上四人中只有一个人的话为真，则以下哪项可能为真？

A. 矿工甲的断定为真。

B. 矿工乙的断定为真。

C. 矿工丙的断定为真，有人违反了操作规范。

D. 矿工丁的断定为真，没有人违反操作规范。

提升指数：★★★☆☆

自作聪明的匪徒

一天，有5个手持左轮手枪的匪

徒从岛根的一家银行向西逃窜。银行的警卫队长田中闻讯，立即驱车追赶。保安部的高桥见状也带领几个警卫驾车追赶。

追着追着，一阵激烈的枪声将他们带到了一条小山沟。等赶到时，只见5个匪徒都倒在地上死了，而田中的左臂也受了伤。高桥赶忙从地上捡起被抢的箱子，扶着田中一起回来。当晚，大家为田中举行庆功会，并让他讲讲事情的经过。

田中带着几分醉意走上台，说："我追上的时候，他们正准备分赃。忽然一个放风的匪徒发现了我，向我开了2枪，打中了我的左臂。我看准机会冲过去，抢了他的枪，一枪把他打死，然后躲在石头后面，又连开4枪把其余的匪徒都打死了，这时救援的人就到了。"

话音未落，只听高桥说："别演戏了，你和那些匪徒是一伙的！"

经过审问，田中和那5个匪徒果然是一伙的。那么，高桥先生是怎么知道的呢？

提升指数：★★☆☆☆

仙女和仙桃

4个仙女手中拿着仙桃，每个人的数量不同，4个到7个之间。然后，4个人都吃掉了1个或2个仙桃，结果剩下的每个人拥有的仙桃数量还是各不相同。

4人吃过仙桃后，说了如下的话。其中，吃了2个仙桃的人撒谎了，吃了1个仙桃的人说了实话。

西西："我吃过红色的仙桃。"

安安："西西现在手里有4个仙桃。"

米米："我和拉拉一共吃了3个仙桃。"

拉拉："安安吃了2个仙桃。米米现在拿着的仙桃数量不是3个。"

请问最初每人有几个仙桃，吃了几个，剩下了几个呢？

提升指数：★★☆☆☆

珠宝迷踪

英国的茶叶商亚当·布朗在印度奔波几十年，赚了一大笔钱，回国前他用这笔钱买了许多珠宝装在一只精致的皮箱里。当他于7月乘商船回到英国后，发现以前的仇人在跟踪自己。看来决斗是在所难免了。布朗趁仇人跟踪间歇，把珠宝箱藏了起来，打算留给自己的儿女们。

正当他想通知家里人时，仇人逼到了眼前，两人进行了一番生死的搏斗。仇人被杀死了，但布朗也身负重伤。临死前，布朗用自己的血，在附近的墙上写下了一行模糊的字，其中只能看到“珠宝箱在无名塔顶……处，于下午 3 点时拿取”，别的字已无法辨认。

第二天，伦敦警察局发现了布朗的遗体，并找来了他的儿女们，布朗的儿女们和警察一起来到无名塔，准备拿取珠宝箱。可是到了无名塔以后，全傻了眼。因为无名塔由石质底座、金属中柱以及一个镀金金属球顶部三部分组成。显然，把珠宝箱藏在金属球上是根本不可能的。那么，珠宝箱在哪儿呢？谁也想不出来。

最后，他们去请教英国最著名的私人侦探福尔摩斯。福尔摩斯看了布朗的遗书，观察了无名塔现场，很快就找到了珠宝箱，而且完全是按照布朗指示的线索。

请问，你知道珠宝箱藏在哪儿吗？

提升指数：★★★☆☆

巧解疑团

侦探福尔摩斯在华生医生家里做客，忽听得汽车喇叭声。福尔摩斯头也不回地说：“警察局又来找我判断案件了。”华生惊讶地叫起来：“对极了，果然是警长来了！”警长进来后，恭恭敬敬地把案卷放在福尔摩斯面前。案件是这样的：

一天深夜 12 时，某商店被窃去大宗贵重物品，罪犯携赃驾车离去。现已缉捕 A、B、C 3 名嫌疑犯在案。

在警长附的纸条上写着：

“事实 1. 除 A、B、C 三人外，已确证本案与其他任何人都没有牵连。”

“事实 2. C 假如没有 A 作帮凶，就不能到某商店作案盗窃。”

“事实 3. B 不会驾车。”

请证实：A 是否犯盗窃罪？

福尔摩斯看完后，哈哈大笑，把警长和华生医生都笑得莫名其妙。然后，福尔摩斯三言两语就把警长的疑问完全解决了。

请问，福尔摩斯是怎么做到的呢？

提升指数：★★☆☆☆

洞悉谎言

富翁詹姆斯被人杀死在寓所里，

经勘察，遇害时间是当天下午。从现场的烟蒂和酒杯来看，作案者应该是死者的朋友或者非常熟悉的人，不过除了一名叫托尼的人以外，其余的嫌疑人都没有作案时间。

警察在码头的一艘帆船上找到托尼，问他："今天下午1点到5点，你在干什么？"

托尼说："中午我就扬帆出海了。到了2点钟左右，海面上一丝风也没有，我的帆船只能一动不动地留在海面上了。我的船上既没有发动机也没装无线电发报机，所幸我找到一条白色的毛毯，就在那上面写上'SOS'。然后，我把旗子降下来，把那条毯子升了上去。大约过了一两个小时，就有一位先生驾驶着一艘汽艇来了。他说他看见了我那飘动的求救信号才赶来的。最后他把我拉回到了港口。"

"那好吧。现在请你老老实实地跟我去警察局。""为什么？"

"因为你刚才讲的全是假话。"

你知道警察是根据什么断定托尼在说谎的吗？

提升指数：★★☆☆☆

名字辨凶

一名青年死在了一座26层高的大楼旁边，警方断定死者是从这座楼的楼顶上坠楼而死。警方发现在这名死者的手心里用笔写着一个"森"字，像是在暗示着杀人凶手的名字，却因时间有限而只写了一个字。笔就落在他手边的地上，而且只有他的指纹。看来确是坠楼的同时掏出笔写在手心上的。警方根据看电梯的人员的举报找到了案发当时也在楼顶上的5名疑犯。他们都与死者认识，但是他们谁都不承认自己是凶手。他们分别叫：张宇、刘森、赵方、张森、杨一舟。这时警方想起了死者手心上的那个字，认定了杀人凶手。你知道那个杀人凶手是谁吗，为什么是他呢？

提升指数：★★☆☆☆

钥匙藏在哪儿了

警察接到报案，德馨家里没人时，现款和金银首饰被洗劫一空。看起来盗贼是从大门登堂入室的，但门上着锁，也无被撬的痕迹。实际上，失主铃木家的房门钥匙并非是谁带在身上，而是藏在房门前一个外人不易找到的地方。"藏在什么地方了呢？"警察问道。可听了失主的话后，警察便觉得罪犯就是失主家里的人。

你能说出房门钥匙到底藏哪儿了吗？

提升指数：★★☆☆☆

蚂蚁证人

一座公园的长椅下发现一具青年女尸。

女尸的样子惨不忍睹，头部被击破，血肉模糊，身上脸上爬了许多黑蚂蚁。王侦探小心翼翼地戴上手套，拾起尸体旁边的半截汽水瓶，因为这就是凶器。

鉴定很快做出，死者确被玻璃器皿打击致死，汽水瓶上留下了清晰的指纹，紧跟着，留下指纹的人——一个强壮的男青年被抓获。王侦探松了一口气。但难点又出现了，男青年否认杀人，声泪俱下，年轻的侦探犹豫了，推开了警长办公室的门。

警长与王侦探反复研究材料，最后发现一个未解释清的疑点：蚂蚁，蚂蚁去做什么呢……

结果是，蚂蚁证实了男青年是无罪的，王侦探也为此避免了一次错误。请问：蚂蚁怎样证实了男青年无罪？

提升指数：★★☆☆☆

故布疑阵

菲利普打电话给他的好友——警察斯蒂芬，说自己的叔叔可能出事了：“我们今晚约好一同吃晚饭，但他没来。你能不能陪我去他家里找找他？”

路上，菲利普对斯蒂芬说：“我叔叔认为最近几天他被贼盯上了。他有一大笔现金，藏在密室的保险柜里，不过这件事让一个保姆透露了出去。”

两个人来到菲利普叔叔的屋子，门没锁，只有门口厅室里一盏灯亮着。斯蒂芬建议说：“最好查看一下密室。”

菲利普在前面带路，来到黑漆漆的密室门口，停了一下说：“最里面的角落有盏落地灯。”便走进黑森森的屋子，看不见人。一会儿，落地灯打开了，房间里顿时明亮如昼。菲利普的叔叔横卧在地板上，脑袋上有条很大的伤口。

菲利普跨过他叔叔的身体回到门口：“他——他死了？”斯蒂芬察看了一下伤势，说：“他没事，不过你要倒霉了，最好把整件事情讲清楚，我可以请求法庭对你宽大处理。”

菲利普在哪儿露出了马脚？

提升指数：★★☆☆☆

牛奶断案

甄妮小姐是一位首饰设计师，她带着新设计的钻石项链，应邀参加一个首饰博览会，下榻在组委会安排的豪华饭店里。

第二天一早，甄妮小姐报警说她的钻石项链不见了。警方赶忙来到饭店。甄妮小姐说：“我打电话让饭店送一杯牛奶上来，然后就去盥洗室刷牙。我突然听见门边一声惊叫，接着是扑通一声。等我跑进门厅，就看见服务员倒在地毯上，满头是血，我急忙去卧室拿枕巾帮他止血。到房门口时，我就觉得有些不对头，回头一看，才发现床头柜上空空荡荡的，装着项链的手提箱不见了。这次损失大了，我还没有给项链上保险呢。”

警察又询问了受伤的服务员，他说：“刚才，我给甄妮小姐送来一杯热牛奶。可当我刚跨进房间，就觉得耳边一阵风，没等我回头，头上就被砸了一下，顿时栽倒在地，恍惚间好像看见一个蒙面歹徒，拿着一个手提箱逃走了。”

警察看着床头柜上的那杯牛奶，对服务员说：“你还是把你的同伙和甄妮小姐的手提箱交出来吧！”

请问，警察为什么这样说呢？

提升指数：★★☆☆☆

答案及解析

谁是嫌疑犯

虽然仍然是先找矛盾，但本题中没有直观矛盾。那就在推导中找矛盾。

如果甲真，丁也一定真。与题干条件矛盾。甲一定假。

如果乙真，丁也一定真。与题干条件矛盾。乙一定假。

这样，丙和丁就一定是一真一假了。

当丙真、丁假时，无人作案；当丙假、丁真时，作案者是丙。

由于有两种可能，作案者可能是丙。

谁差钱

老大、老四和老五有钱，说假话；老二和老三没钱，说真话。

没有人会承认自己有钱，因为有

钱的人说假话，不会承认有钱，无钱的人说真话，也不会承认有钱。因此，老五说的是假话，有钱，由此可知，老三没钱，说真话。

老三所说的“老四说过，我们兄弟五个都没钱”是句真话，即事实上老四说过此话，但“我们兄弟五个都没钱”是句假话，因而老四有钱，可进而推知，他所说的“老大和老二都有钱”是句假话，即事实上老大老二两人中至少一人没钱。

老大说的不可能是真话，否则老三说的是假话，这和已得到的结论矛盾。因此，老大有钱。又因为老大老二两人中至少一人没钱，所以老二没钱，说真话。

谁点的猪排

根据①和②，如果阿德里安要的是火腿，那么布福德要的就是猪排，卡特要的也是猪排。这种情况与③矛盾。因此，阿德里安要的只能是猪排。于是，根据②，卡特要的只能是火腿。因此，只有布福德才能昨天要火腿，今天要猪排。

装珠宝的箱子

打开第二个箱子。

如果第一个箱子的话是真的，那么第二个箱子的话也是真的，这自相矛盾。由此可判断第一个箱子的话是假的。

第一个箱子上的假话有三种可能：

①前半部分是假的。如果前半部分是假的，珠宝在第一个箱子里，则第二个箱子上的话是假的，这时，根据第二个箱子的判断，珠宝在第二个箱子里，这和上面的判断冲突。

②后半部分是假的。如果后半部分是假的，那么，珠宝在另外一个箱子里，并且第二个箱子上的话是真的，可以判断珠宝在第二个箱子里，这也是矛盾的。

所以，第一个箱子上的话都是假的，这时，珠宝在第二个箱子里，并且第二个箱子里的话是假的，这时根据第二个箱子的判断，珠宝在第二个箱子里。

地上的油漆

地上的油漆痕迹告诉柯南，厄斯特走到路中间时，看到了凶杀情景，于是他跑进工具间将自己反锁在里面。工具屋内的挂锁和半路至工具房的油漆痕迹变成椭圆形，并且间隔拉大都是证明。

一美元纸币

对题意的以下两点这样理解：

（2）中不能换开任何一个硬币，指的是任何一个人不能有 2 个 5 分，否则他能换 1 个 10 分硬币。

（6）中指如果 A、B 换过，并且 A、C 换过，这就是两次交换。

那么，至少有一组解：是 L 用纸币。

M 开始有（10'3 + 25），账单为 50

K 开始有 50，账单为 25

L 开始有（5 +25），账单为 10

店主开始有 10

此时满足（1），（2），（3），（4）。

第一次调换：M 拿 10'3 换 L 的（5 +25）

这时 M 有（5 +25'2），L 有 10'3

第二次调换：M 拿 25'2 换 K 的 50

此时：

M 有（50 +5）账单为 50 付完走人。

K 有 25'2 账单为 25 付完走人。

L 有 10'3 账单为 10 付完剩 20，要买 5 分的糖。

付账后，店主有（50 + 25 + 10'2），无法找开 10，但硬币和为 95，能找开纸币 1 元。

所以，这三位男士中 L 用 1 美元的纸币付了糖果钱。

粉笔盒

只需要取一次。

验看标有“白、红”那一盒，若拿出一根是白色的，可判断这盒是“白、白”的（因为标记写错了，不可能是“白、红”的）。于是标有“红、红”的一定是“红、白”，而另一盒为“红、红”。

若拿出一根是红色的，同样道理也可以依次判断出来。

决斗的牛仔

虽然阿莫斯和巴奇命中率有 100%，但考蒂活下来的概率最大。

理由很直接。如果阿莫斯或巴奇首先开枪，那两人中一个人必死无疑（因为他们是最大的威胁），然后就轮到考蒂射击。考蒂有 50% 的机会打死对手。如果考蒂抽到第一枪，他应该打偏，否则如果他打死了阿莫斯或巴奇中的一个，另一个就会打死他。

所以考蒂存活的机会是 50%。

而阿莫斯和巴奇有相同的机会。如果他们没轮到先开枪，他们就得先被打，如果他们中某一个人先开枪，他们就有一个必死。因为两人的情况相同，所以他们俩得以存活的概率为0加上50%除以2，即25%。

设计路线

（1）若去A，由①可知，则必须去B地；去B地，由③可知，则不去C地；又由④得知也不能去D地；再由②可知一定去E地；这时再根据⑤可得知必去A、D两地。这样既去D地，又不去D地，产生矛盾，所以参观团不去A地。

（2）若去B地，则不去C地，也不去D地，但一定去E地，从而必须去A、D两地，这样，同样产生D既去又不去的矛盾，所以参观团不去B地。

（3）若去E地，由⑤可知必去A、D两地，这和②中的要求D、E两地只去一处相矛盾。因此，也不能去E地。

（4）去C、D两地，可同时符合5个限制条件。所以参观团最多只能去C、D两个地方。

穿越隧道

如果他的脸是干净的，那么另两个人中有一个会意识到他自己的脸是脏的。但他们都在笑，由此他推断他的脸也是脏的，所以他停止了笑。

网球比赛

（1）由提示①及提示③，可知：

A. 高重立和安卫国不是搭档的关系；

B. 高重立的搭档或是李福至或是卫立国；

C. 高重立的搭档年纪比安卫国小。

（2）由B，假设高重立的搭档是李福至，则根据提示②，可知：

李福至的年龄比安卫国大。但这和C相矛盾，所以这假设不成立。因此：

D. 高重立的搭档是卫立国；

E. 安卫国的搭档是李福至。

（3）既然知道了搭档关系，便可以进一步推知他们的年龄大小：

F. 由D及提示③，可知高重立的年纪比卫立国大；

G. 由提示①，可知安卫国的年纪比高重立大；

H. 由提示②、D及E可知，李福至的年纪比高重立和卫立国都大。

乌龟赛跑

假设丙的话是真话，那么丁的话

也是真话了，从而，甲的话也是真话，所以乙上次是第二名。因此，上次的第一名既不是乙也不是丙，所以应该是丁或者甲。但是，无论哪个是上次的第一名，本应该都说真话的丙和丁的话至少有一个会变成假话。所以，丙的话只能是假话（名次下降，而且丁的名次没有上升）。

由于丙不是上次的第一名，这次的名次下降，所以这次是在第三名以下。所以，乙的话是假话，乙的名次也下降了。

麻烦的任务

如果派遣甲去，根据⑤乙也去；派遣乙，根据②丙不去；不派遣丙，根据④丁不去，而戊必须去；派遣戊，根据③丁必须去。这样就推出了矛盾的结果，所以不能派遣甲。

如果派遣乙去，根据②丙不去；不派遣丙，根据④丁不去；不派遣丁，根据①戊必须去；派遣戊，根据③丁必须去。这样也推出了矛盾的结果，所以不能派遣乙。

如果派遣戊去，根据③甲和丁必须去；派遣甲，根据⑤乙也去；派遣乙，根据②丙不去；不派遣丙，根据④丁不去。同样推出矛盾的结果，所以不能派遣戊。

这样，在甲、乙、丙、丁、戊 5 个人中，只能让丙、丁两人去完成任务，才不会产生矛盾。

到底是几点

原来，亨特离开家的时候已换了电池，闹钟也开始走了。他出去的时候看了钟，归来的时候也看了钟。根据这台闹钟就可确定他不在家的时间。到了熟人家和离开熟人的家，亨特也看了他家的钟，因而可以确定在熟人家停留的时间。

从不在家的时间减去在熟人家停留的时间，即是亨特在来回路上花掉的时间。在熟人家挂钟看到的时间加上来回路上亨特花掉的时间的一半，即是他把闹钟拨到正确位置的时间。

爱因斯坦的谜题

首先先排好顺序 1 到 5，然后把挪威人放到 1 号里，可以看出 2 号房子是蓝的和 3 号房子的人喝牛奶，然后是绿的在白的左边，说明绿的只可能在 3 号或者 4 号，因为 2 号是蓝的。

又因为绿房子里的人喝咖啡，所以绿的不是 3 号房子而是 4 号，所以白的是 5 号，然后知道 1 号是黄色，挪威人抽 Dunhill，而且知道 2 号养马。然后看喝啤酒的人和抽 Blue Master 香烟的人，两个都还空着的，这时只剩下 5 号和 2 号，如果是 2 号喝啤酒的话，那么抽混合烟的人就没地方放了，因为还剩下茶和矿泉水，而且茶不能放在 1 号，因为喝茶的是丹麦人，抽混合烟的人没办法放到喝矿泉水的人旁边，所以 5 号喝啤酒。然后得出 2 号住丹麦人喝绿茶抽混合烟，挪威人喝矿泉水，然后说明 5 号是瑞典人，因为德国人抽 Prince，还可以得出住 4 号绿房子的是德国人，抽的是 Prince。所以剩下的一种烟 Pall Mall 就是英国人抽了，而且说明英国人养了鸟，然后得出挪威人养猫，瑞典人养的是狗。

所以最后只剩德国人养鱼。

杰克的成绩

（1）贾先和乔治两人的说词相矛盾，所以必定是一真一假。亦即，3 个人不可能都说谎，最多只有两个人说谎（要么两个人说谎，要么一个人说谎）。

（2）从有没有作弊的角度来看，杰克数学考第 1 名的可能原因，要么有作弊，要么没作弊。据此，先假设贾先、乔治和迈克 3 人说的都是谎话，则其谎言背后隐含的真实状况为：

贾先：①杰克作弊，而且不是抄袭乔治的。

②杰克没有作弊，而是幸运或努力的结果（排除作弊之后，当然就只剩下这两种可能状况了）。

乔治：①杰克作弊，而且一定是抄袭乔治的。

②杰克没有作弊，而是幸运或努力的结果。

迈克：①杰克没有作弊。

②杰克没有作弊，完全是幸运使然。

（3）根据（1）及（2），假设其中任两人说谎，则会得出如下的结果：

贾先和乔治：杰克作弊，而且既抄袭乔治又没抄袭乔治（结论自相矛盾）。

贾先和迈克：杰克没有作弊，而是幸运使然（因为迈克否定了努力的可能性），但又可能是努力的结果（结论互不相容）。

乔治和迈克：杰克没有作弊，而是幸运使然（因为迈克否定了努力的可能性），但又可能是努力的结果（结论互不相容）。

可见，不可能同时有两人说谎。

由此可见，3 个人之中，既不可能 3 个都说谎，也不可能同时有 2 个在说谎。所以，根据威尔逊的说法，杰克这次会考第 1 名，真的是自己努力的结果。

对号入座

名　字	班级	课程	体育运动
艾米丽	6	代数	壁球
贝　蒂	2	生物	跑步
克拉拉	4	历史	游泳
露　丝	3	地理	网球
伊丽莎白	5	化学	篮球

现场的“细节”

细节就是菲奇前额弹孔中流出的血的形状。如果他是在大风中自杀的话，伤口的血迹不会在脸上形成一条血线，而且已经干硬了。风会使血迹污染面孔，渐渐洒到衣服上。由此判断菲奇不是自杀，公园也不是第一现场。

说谎的女佣

答案很简单，因为盖伦就坐在那把椅子上，他感觉很凉，这说明这把椅子长久没坐人了。露丝显然是在说谎。

智辨罪犯

右手被铐住的是犯人。新村是这样判断的：警察铐住犯人的右手，而铐住自己的左手，这样，假如犯人一旦不老实，警察就可以用右手制服对方，或迅速掏枪。李教官说的有特殊情况，是指如果警察是个左撇子，他也可能铐住自己的右手。

真实的判断

A 是真实的。其他三点都是两种可能。

火中逃生

罗宾逊、他的妻子、孩子与狗可以下列顺序逃生：

降下孩子——降下小狗，升上孩子——降下罗宾逊，升上小狗——降下孩子——降下小狗，升上孩子——

降下孩子——降下妻子，升上其他人及狗——降下孩子——降下小狗，升上孩子——降下孩子——降下罗宾逊，升上小狗——降下小狗，升上孩子——降下孩子。

兔子的谎言

甲 2 岁，乙 4 岁，丙 3 岁，丁 1 岁。

如果丙兔子说的是假话，丙就比甲年龄小，而且甲就是 1 岁，这是不可能的。所以丙兔子的发言是真实的，就是甲不是 1 岁，丙比甲的年龄要大。

如果甲的发言是真的，就是乙 3 岁，甲要比乙年龄大，就是 4 岁，这与上面的分析是矛盾的。所以，甲的话是假的，乙也不是 3 岁，甲比乙的年龄要小。

根据以上分析，乙是 4 岁，丙是 3 岁，甲是 2 岁，剩下的丁就是 1 岁。

难问的问题

学者所问的问题是："你是这个国的居民吗?"如果对方回答"是"，那么这个国一定是甲国；否则，这个国是乙国。

安排客人

你只要把客人移到号码是其现在居住的房间号码的 2 倍的房间里就行了。1 号房里住的客人移到 2 号房，2 号房里的客人到 4 号房，3 号房里的客人到 6 号房，以此类推。最后，所有奇数号的房间都空了出来，就能安置所有新来的客人了。

考试日期

学生的推理是这样的：考试不能安排在周日，因为周日是最后一天，同学们这天早上知道一定会考试；如果周日不考试，那么周六也不行，因为大家在这天早上也会知道要考试；以此类推，这周的每一天都不可以考试。这个推理会引申出这样的判断："如果必然有一次考试，那么它不能在任何一天进行。"很明显这是违反直觉的，被称为"预言悖论"。

对付这种"预言悖论"，有一种最简单的方法。既然学生们在周三早上认为不会考试，那么他们显然不知道这天一定会考试，所以考试就可以进行了。只要考试不安排在周日，那么学生的推论都站不住脚。因为在周日早上，同学们不会认为"今天一定会考试"，而是认为"今天一定不会考试"，因为考试已经结束了。于是下周的推论也就无法进行了。也就是说，在进行逆向归纳的时候，学生遗漏了一个重要的条件：如果周日之前没有任何考试，那么考试不能安排在周日。

他该问什么

答案很简单，只要问："你结婚了吗?"

无论是谁回答问题，他知道答案"是"意味着阿米丽雅结婚了而蕾拉没有结婚，而"不是"则意味着蕾拉结婚了而阿米丽雅没有结婚。高尚的阿米丽雅会告诉他实话——"是"表示她结婚了，而"不是"表示她没有结婚，而邪恶的蕾拉会用"不是"表示她结婚了，而"是"表示她没有结婚——就是说阿米丽雅结婚了。

过　桥

按照法律的逻辑推理，如果绞死那个人，就说明他说的是实话，应该让他过桥。而如果让他过桥的话，那么他说的就是谎话，应该被绞死。这样就陷入逻辑的悖论。所以守桥的士兵不知如何是好。

3 个人的职位

最好的办法是画一个表格，行表示职位，列表示人，在逻辑上行不通的格子里打"×"，在你认为对的格子里打"○"。

然后通过条件判断：

格里有兄弟，而秘书是独生子女，所以格里不是秘书。

罗斯比董事长挣钱多，而秘书挣钱最少，那么罗斯既不是董事长也不是秘书。

结果就是，安尼塔是秘书，格里是董事长，罗斯是主席。

手套的墨菲法则

最好的情况是掉的手套正好构成一副，留下四副手套。如果把手套编号为 A1、A2、B1、B2、C1、C2、D1、D2、E1、E2，那么这种情况掉的手套应该有 A1 - A2，B1 - B2，C1 - C2，D1 - D2，E1 - E2 五种可能。

最坏的情况下，掉的手套不是一副，只有三副手套还能用。这种情况下，掉了的手套可以是 A1 - B1，A1 - B2，A2 - B1，A2 - B2，A1 - C1，A1 - C2，A2 - C1，A2 - C2，A1 - D1，A1 - D2，A1 - D1，A2 - D2，A1 - E1，A1 - E2，A2 - E1，A1 - E2，B1 - C1，B1 - C2，B2 - C1，B2 - C2，B1 - D1，B1 - 02，B2 - D1，B2 - D2，B1 - E1，B1 - E2，B2 - E1，B2 - E2，C1 - D1，C1 - D2，C2 - D1，C2 - D2，C1 - E1，C1 - E2，C2 - E1，C2 - E2，D1 - E1，D1 -

E2，D2－E1，D2－E2。

最坏的情况共有40种可能。可见，最坏的情况的可能性是最好情况的8倍。

我戴的是黑帽子

甲是这样推理的：如果我戴的也是红帽子，那么，乙就马上可以猜到自己是戴黑帽子（因为红帽子只有两顶）；而现在乙并没有立刻猜到，可见，我戴的不是红帽子。

结果，甲被土耳其商人雇用了。

天堂里的游戏

此题与上一个问题很相似，但难度有所增加。你可以假设自己是围坐着的六个少年中的一个。你能看见五个人头上戴的帽子，如果你看到这五个人中，有四个人戴白帽，只有一个人戴的是黑帽，就会猜到自己和对面的人都戴的是黑帽。如果你看到只有两个人戴白帽，就会猜到自己和对面的人都戴的是白帽。可是当一白一黑的两顶帽子分别戴在你和对面人头上时，你就无法判断自己戴的是什么颜色的帽子了。

其他围坐的少年也都是这样想的。那么，中间的少年按这个逻辑推理，会得到什么样的结论呢？

由于围坐的少年都在沉思，坐在中间的少年可以推测：三组对面而坐的少年，一定是三个人头上戴白帽，三个人头上戴黑帽。这样，自己头上戴的当然是白帽子。

谁杀了医生

甲是凶手。

由于每个人说的都是假的，所以把每个人的话反过来就是事实：

A. 这四个人中的一人杀害了医生。

B. 甲离开医生寓所的时候，医生已经死了。

C. 乙不是第二个去医生寓所的人。

D. 乙到达医生寓所时医生还活着。

E. 丙不是第三个到达医生寓所的人。

F. 丙离开精神医生寓所的时候，医生已经死亡。

G. 凶手是在丁之后去医生寓所的。

H. 丁到达医生寓所的时候，医生仍然活着。

根据A、D、H、B、F，乙和丁是在甲和丙之前去医生寓所的。根据C，丁必定是第二个去的，从而乙是第一个去的。根据 E，甲必定第三个去的，从而丙是第四个去的。

医生在第二个去他那儿的丁到达的时候还活着，但在第三个去他那儿的甲离开的时候已经死了。因此，根据真实情况 A，杀害医生的是甲或者丁。

再根据真实情况 G，确定甲是凶手。

凶器是什么

凶器就是死者的丝袜。把长长的丝袜装满沙子，就变成了一件能置人于死地的凶器。

谁和谁是一家

父亲　李由　海森　卫国

母亲　玫瑰　百合　兰花

儿子　晓明　旭冉　扬帆

真话还是假话

（1）指着任一边的岔路，问其中一人：“如果我问，这条路是不是通往上水村的路，你旁边那个人会怎么回答？”如此一来，将有以下 4 种情况：

A. 路是通往下水村，被问者是下水村的村民：

如果被问的是下水村的村民，则他旁边的人便是上水村的村民，而会回答不是。而由于被问的人会说谎话，因此他将会回答爱民：是。

B. 路是通往下水村，被问的是上水村的村民：

如果被问的是上水村的村民，则他旁边的人便是下水村的村民。而会回答是，由于被问者会说实话，因此他将会回答爱民：是。

C. 路是通往上水村，被问者是下水村的村民：

如果被问的是下水村的村民，则他旁边的就是上水村的村民，而会回答是。由于被问的人会说谎话，所以会歪曲上水村村民的答案，因此他将会回答爱民：不是。

D. 路是通往上水村的，被问者是上水村的村民：

如果被问的是上水村的村民，则他旁边的人便是下水村的村民，而会回答不是。而由于被问者会说实话，所以会把下水村的村民的答案据实告知，因此他将会回答爱民：不是。

（2）可见，如果爱民得到的答案是：是，便可以确定他所指的那条路是通往下水村。而如果他得到的答案是：不是，则可以确定他所指的那条路是通往上水村。

谁后面是红旗

乙和丁的身后是红旗。

若丙的话真，则甲、乙应说真话，但他们的话矛盾，所以丙说了假话。若甲的话真，其他 3 人说了假话，但乙看到一红二黄也应是真的，矛盾。所以甲说的是假话。若乙说假话，那甲、乙、丙身后都是黄旗，如果丁身后是黄旗，那甲说的是真话了，这不可能，如果丁身后是红旗，那么乙就没有说假话。所以乙、丁身后是红旗。

他们都在干什么

由（1）、（2）、（3）、（4）、（5）知，既不是甲、乙在修指甲，也不是丙在修指甲，因此修指甲的应该是丁；但这与（3）的结论相矛盾，所以（3）的前提肯定不成立，即甲应该是躺在床上；在（4）中丙既不看书又不修指甲，由前面分析，丙又不可能躺在床上，所以丙是在写信；而乙则是在看书。

汽车是谁的

（1）丽萨拥有一辆双门的别克汽车；

（2）玛丽拥有一辆四门的别克汽车；

（3）凯特拥有一辆五门的别克汽车；

（4）丽萨拥有一辆五门的别克汽车；

（5）玛丽拥有一辆五门的奥迪汽车。

钥匙在哪里

钥匙在中间抽屉里。

方法一：首先，假如左面抽屉的纸条是真话，那么就是“钥匙在左面抽屉里”；右面抽屉上的纸条是假话，那么反过来就是“钥匙在左右抽屉里”；而中间抽屉的纸条反过来的意思则是“钥匙在中间的抽屉里”。得出的结论是，钥匙在左面、右面、中间的抽屉里，但是，3 个抽屉里都有钥匙是不可能的，因此，第一句话是假话。

其次，假如中间抽屉的纸条是真话，那么就是“钥匙不在中间抽屉里”，说明钥匙在左面或右面的抽屉里。左面抽屉的纸条是“钥匙在这里”，因为是假话，那么反之就是“钥匙不在左面抽屉里”。右面抽屉的纸条则应是“钥匙在左右抽屉里”，这就产生了矛盾，即左面抽屉的纸条说“不在”，右面抽屉的纸条说“在”，那么显然难以得到结论。因此此句也是假话。

最后，假如右面抽屉里的纸条是

真话，“钥匙不在左右抽屉里”，那便即知“钥匙在中间抽屉里”。而左面抽屉的纸条反过来的意思则是“钥匙不在左面抽屉里”。那么，这恰恰与右面抽屉上纸条的内容是一致的，即肯定了“左边抽屉没有钥匙”。中间的纸条说“钥匙不在这里”因是假话，反之则是“钥匙在这里”，这正好与右面抽屉纸条的内容相符，因此证明：钥匙在中间抽屉里。

方法二：其实，最快速的方法就是直接看第（3）句，即右面抽屉纸条上的话：“钥匙不在左右抽屉里”。因为钥匙只能在3个抽屉中其一的一个里面，而题（3）如为假就说明“钥匙在左右抽屉里”，这是不可能的，因此只能判断它是真话，即“钥匙不在左右抽屉里”。既然不在左右抽屉里，那只能在中间抽屉里。

如何穿戴

由（1）、（2）和（3）可以得知：15岁以上的学生能去看棒球赛。

“不能不看球赛和不穿毛衣，或既不看球赛也不穿毛衣”这段话是说，必须要看球赛且穿毛衣。由此再结合（4），得知16岁以上的男生不能去看球赛。

因此，看球赛的男生的年龄应为15～16岁，观看比赛时应穿毛衣、戴大礼帽，而且不能带伴侣。

他们各打中了多少环

如果上尉的第一句话是真的，那么他打中了180环，在这个前提下，他说的其他两句话不可能为真。因为另外两个环数是240环和200环；而如果第二句、第三句成立，显然另外两个环数应该为220环和160环。可见上尉的第一句话是假的，而第二、第三句话是真的。

由上尉的第二句话可知，他打中的环数比少校少4环，那么显然将军的第三句话是假的，第一、第二句话是真的，可以推算出上尉打中了200环。相应地，很容易得出少校打中了240环、将军打中了180环的结论。

凶手是谁

凶手是阿尔夫·马金。

如果是杰克·维休斯，那么阿尔夫·马金和吉姆·彭斯所说的就都是真实的。

如果是西德·斯福特，那么其余三人说的也都是真实的。

如果是吉姆·彭斯，那也意味着西德·斯福特和阿尔夫·马金说的是真的。

因此凶手只可能是阿尔夫·马金，这样的话只有吉姆·彭斯说了真话。

到底中了几枪

凶手开枪时，被害人正背对着窗子弯腰，子弹射穿了她的大腿后进入了她的胸部。所以表面看来是中了两枪。

林肯辩护

那一年的阳历 7 月 20 日是上弦月，10 点钟时月亮已经西沉，不会有月光，由此林肯推断证人在说谎。

即使证人记错了时间，把作案时间往前推，月亮还在西天，月光从西边照射过来，如果凶手面向西，藏在树东边草堆后面的证人是根本无法看到其面容的；倘若作案者面向证人，月光照在作案人后脑勺上，证人依然无法看到其面容。所以这份证词无论从哪方面推，都有破绽。

法官审案

不管甲是不是盗窃犯，他都会说自己“不是盗窃犯”。

如果甲是盗窃犯，那么甲是说假话的，这样他必然说自己“不是盗窃犯”；如果甲不是盗窃犯，那么甲是说真话的，这样他也必然说自己“不是盗窃犯”。

在这种情况下，乙如实地转述了甲的话，所以乙是说真话的，因而他不是盗窃犯。丁有意地错述了甲的话，所以丁是说假话的，因而丁是盗窃犯。至于甲是不是盗窃犯是不能确定的。

医院杀人案

凶手是 7 号病房的糖尿病患者。

不仅糖尿病患者，就是健康人杀人时因过度紧张，握凶器的手都会出冷汗的，糖尿病患者出汗更多，且汗水里含有大量糖分。缠着绷带的匕首柄上爬着很多蚂蚁，蚂蚁喜欢吃甜的东西，这说明绷带上的汗水有很多的糖分。

阳台上的凶杀案

凶手就是山姆。他是趁萨马练习倒立的时候从 2 楼阳台射击的。

密室人命案

罪犯从破玻璃洞口伸进手枪开枪打死头目，随后将手枪扔进室内逃跑了。罪犯当时还将几只蜘蛛放在窗台上，其中一只蜘蛛在天亮时又拉了一张网，使房间像个密室，并且凶器又在室内，造成了罪犯在室内开枪自杀的假象。

“走错”房间的窃贼

是愚蠢的窃贼的敲门露了馅儿。因为三、四两层全是单人间，任何一个房客走进自己房间时，都不会先敲房门的。

煤矿事故

正确选项是 D。

矿工丙的话和矿工丁的话相互矛盾，定有一真。矿工甲的话为假，不是设备问题。矿工乙的话为假，由于已确定了“不是设备问题”，所以没有人违反操作规范。矿工丙的话一定为真。矿工丁的话为假。

自作聪明的匪徒

歹徒用的是左轮手枪，左轮手枪只有 6 发子弹。田中说匪徒向他开了 2 枪，他自己又开了 5 枪，一共是 7 枪，这怎么可能呢？所以田中是在说谎。

仙女和仙桃

西西最初有 6 个，吃了 2 个，剩下了 4 个；安安最初有 7 个，吃了 1 个，剩下了 6 个；米米最初有 5 个，吃了 2 个，剩下了 3 个；拉拉最初有 4 个，吃了 2 个，剩下 2 个。

珠宝迷踪

福尔摩斯于下午 3 点，在阳光照射下，无名塔顶的投影处正对的地下找到珠宝箱。为什么福尔摩斯会得出珠宝箱在塔顶投影处的结论呢？因为，他仔细分析了布朗遗书所给出的条件：“塔顶处”说明珠宝箱与塔顶肯定有关；但塔顶是金属球，其内外均不能放；遗书又特别提到“于下午 3 点时拿取”，说明藏宝处与时间有关。再联系到 7 月是夏天，有日光，因而联想到日光投影处，解开了这个谜。

巧解疑团

A 犯了盗窃罪。

根据事实 2，假如 A 没有犯盗窃罪，那么，C 也不会做下此案；根据事实 3，B 也不会做下此案。这样，A、B、C 都未作案，这违反事实 1。因此，A 肯定参与了盗窃，犯下盗窃罪。

洞悉谎言

当海面上一丝风都没有的时候，挂在游艇旗杆上的毯子是不会展开的，任何人都不会看到毯子上的呼救信号。警察根据这一点证明了托尼在说谎。

名字辨凶

凶手是张森。从推理的角度来

看，先把五个人的名字都看一遍“张宇、刘森、赵方、张森、杨一舟”，你会发现，如果凶手是赵方和杨一舟，那么被害人只写他们名字中的一个字就可以代表凶手了，因为没有其他人名中有相同的字，比如赵方的“方”或杨一舟的“舟”字，而“张宇、刘森、张森”这三个人的名字中有相同的字，如果凶手是张宇，被害人只写“宇”就可以了，所以不是他。同样，如果是刘森的话只写个“刘”就可以了，所以凶手就是张森。

钥匙藏在哪儿了

钥匙就藏在狗的脖圈中。钥匙的隐藏地点是外人想象不到的。谁会想到钥匙会藏在狗的脖圈中呢？即使有人注意到了，可这只狗是受过训练的，主人家以外的人是很难靠近的。所以空宅也就万无一失了。如此说来，能顺利取走钥匙的只能是失主家里的人。

蚂蚁证人

蚂蚁爱找含糖的东西。死者是被含糖的汽水瓶打死的，身上溅满了甜水，招来了蚂蚁。而被捉的青年的汽水瓶上没有蚂蚁，说明这瓶汽水不含糖，也就不是杀人凶器。罪犯拾来一个汽水瓶，意在转移警方的视线。

故布疑阵

回到门口时，菲利普是“跨过他叔叔的身体”的。那么，在他去开灯时，他肯定也要跨过他叔叔的身体才行。但是，只有当他事先知道他叔叔已经横卧在地板上时，才有可能在伸手不见五指的黑暗中去开灯而不被绊倒。

牛奶断案

如果服务员一进门就被人打倒在地，那么，这床头柜上的牛奶不就是刚端来的吗？为什么一点都没有洒在地上呢？其实服务员端着这杯牛奶先进房放在床头柜上，顺手将手提箱拿到门口，交给同伙，然后使用苦肉计，故意让同伙打了一下，造成手提箱被盗的假象。

文字探幽

“百担榆柴”

鬼谷子教了两个弟子：孙膑和庞涓。一天，鬼谷子让他们每人一天拾回“百担榆柴”。

第二天，庞涓一大早就上山去了，他拼命劳作，到天黑才砍了99担榆柴。孙膑却从从容容地吃了早饭，背了些书，在山上找了个僻静地方读起来。直到天色晚了，才收拾起书，砍了一根粗柏树枝做扁担，又砍了两捆榆枝，挑着下山了。

鬼谷子先生却夸奖了只砍了一担柴的孙膑，这是为什么？

提升指数：★★☆☆☆

“上”“下”之谜

有一天，孔子召集了几个得意门生，讨论一个问题。

子路说：“在上位，不为上，则为下。”

子夏说：“在下位，不为下，则为上。”

子贡说：“上则不在上，下则不在下。”

颜回说：“不可在上，岂宜在下。”

他们讨论的实质是一个字，这个字是什么字？

提升指数：★★★☆☆

孔子猜字谜

孔子是我国春秋时期著名的思想家、教育家，名叫孔丘，字仲尼。他强调“中庸之道”，也就是要求不偏不倚。有一天，孔子到乡村去讲学，走得累了，就坐在一口井边上休息。

这个时候，有个农夫挑着担子走了过来。他站在井边上，把手中的扁担放在井口上，然后就对孔子说：“我有一个字请教先生。”孔子问：“不知是哪个字？”农夫回答说：“就是我刚才的那个动作。”孔子看了看，就笑着回答说：“井口放一根扁担，就是中庸的中字。”不料那农夫也放声大笑，说：“先生是见物不见人了。”孔子一听，仔细想了想，果然觉得是自己错了。那么，那个农夫说的是哪个字呢？

提升指数：★★★☆☆

传统数字镶边谜

“数字镶边谜”是一种诗体字谜，即每句诗的第一个字都是数字，而且语义都与谜底相关。下面是一则我国古代传统数字镶边谜，打十个字，谜面复杂，谜底却十分简单。你猜猜看。

一分为二，
二人上天，
三颠四倒，
四人在下，
五人并坐，
六斤差点，
七进家门，
八把尖刀，
九个窟窿，
十有八九。

提升指数：★★☆☆☆

苏轼对谜

苏轼是北宋时期的大文学家，他有个弟弟叫苏辙，在文坛也颇有造诣。他们兄弟经常一起游览风景，交流诗文。一个冬天的晚上，下了一夜大雪，早上兄弟俩起床后发现大雪把天地都映白了。

看到了这样的美景，他们兴奋地骑上马，在雪上尽情驰骋。他们来到一座山坡前，苏轼不禁吟了一句：“雨余山色如浑如睡。”苏辙听了，知道这是一个字谜，也即兴做了一首诗：“此花自古无人栽，一夜北风遍地开。近看无枝又无叶，不知何处长出来。”苏轼一听，马上夸奖说：“果然不错啊。”那么，你知道苏轼兄弟二人说的都是什么吗？

提升指数：★★★☆☆

唐伯虎卖画

唐伯虎在西湖边上开了一个画廊，这一天，画廊里又挂出了一幅画，画面上是一个人牵着一只狗，在西湖边散步。

唐伯虎对着众人宣布：“这是一幅字谜画，谁要是能猜出答案，这幅画就白送给他。”大家一听，都皱起眉头苦苦思考起来。忽然，有一个年轻人跑上前，一下子趴在地上。大家正感到奇怪呢，唐伯虎却大笑起来，然后把画取下来，送给了年轻人。为什么年轻人趴在地上，唐伯虎就把画送给他了呢？

提升指数：★★☆☆☆

郑板桥出谜

郑板桥是清代著名的文学家。有一天，他路过一座学堂，有个学生看他穿着布衣草鞋，还以为是个老农民，就傲慢地问：“我问你，你会写诗吗？”郑板桥说：“我不光会写诗，还会出谜呢！”他看到学堂旁边是厨房，里面有一样东西，就当场吟了一首咏物诗：“嘴尖肚大个不高，放在火上受煎熬。量小不能容万物，二三寸水起波涛。”郑板桥咏的是什么东西呢？

提升指数：★★☆☆☆

祝枝山写春联

某年除夕，明代书画家祝枝山应邀为一刘姓赃官题写了两副春联：

明日逢春好不晦气终年倒运少有余财

此地安能居住其人好不悲伤

赃官看后恼羞成怒，即刻扭了祝枝山要问罪。

祝枝山抱拳一笑：“大人差矣！学生写的全是吉庆之词啊！”

于是，祝枝山抑扬顿挫地重新当众念了一遍。赃官和众人听得目瞪口呆，无言对答。

提升指数：★★☆☆☆

冯梦龙宴客

明朝有一个著名的文学家，叫冯梦龙，他不喜欢升官发财，而是把全部的精力都投入了文学创作。另外，冯梦龙还特别喜欢谜语。

有一年夏天，冯梦龙起床后，发现后院的桃花盛开了，正在这时，有一位姓李的朋友来拜会。冯梦龙便开玩笑说：“桃李杏春风一家，既然您来了，我们就到后院去，一面喝酒，一面赏看您本家吧！”他们来到后院，冯梦龙忽然想起忘了一样东西，就对书童说：“你快去拿一件东西，送到后院来。”书童问：“是什么东西呢？”冯梦龙随口就造了一个谜：“有面无口，有脚无手，又好吃肉，又好吃酒。”书童愣在那儿，猜不出应该去拿什么。你猜出来了吗？

提升指数：★★★☆☆

纪晓岚妙对

清代第一才子纪晓岚，以博学多才、能言善辩而闻名。有一次，他陪乾隆皇帝观赏弥勒佛像。乾隆忽然问：“这弥勒佛为什么看着我笑？”纪晓岚知道乾隆常常自比文殊菩萨，于是随口应：“佛见佛笑。”乾隆听了很高兴，但又想刁难一下纪晓岚，便又问道：“那弥勒佛为什么看你也笑？”面对这个极具刁难性的问题，纪晓岚给予了巧妙的回答，你能猜出他是怎么说的吗？

提升指数：★★★☆☆

纪晓岚与“竹苞堂”

清代乾隆皇帝的宠臣、大贪官和珅筑了座书斋，请大学士纪晓岚为书斋题匾。纪晓岚深知和珅父子胸无点墨，又见书斋廊外满篱疏竹，新苞丛生，遂触动灵感，题上“竹苞堂”三字。和坤大喜，称其“致雅清高，妙不可言”，遂令镌刻，嵌于门首。后来乾隆到和珅家来游园，指着匾额笑道：“爱卿上当矣。”遂解释一通，和珅听了又羞又恼，又不好发作。为什么？你能说明其中的道理吗？

提升指数：★★☆☆☆

王安石谜语选秀才

王安石是北宋杰出的政治家。有一次，他主持一次考试，通过猜谜语的方式为国家选拔才思敏捷的人才。

很多人都在一次次的考试中被淘汰，只有一位张秀才连续答对了所有的问题。旁边的官员问王安石能否录用此人，王安石一言不发，拿起笔又写了一则字谜：“一月又一月，两月共半边；上有可耕之田，下有长流之川；一家有六口，两口不团圆。”别人都不解其意，张秀才却高兴地笑起来，连声向王安石道谢。张秀才为什么道谢呢？

提升指数：★★☆☆☆

秀才猜谜

几个秀才相聚一起，玩字谜游戏。

张秀才先说道：“唐虞有，尧舜无；商周有，汤武无；古文有，今文无。”王秀才马上猜中说：“听者有，看者无；跳者有，走者无；高者有，矮者无。”李秀才听了立刻接口道：“善者有，恶者无；智者有，蠢者无；嘴上有，手上无。”赵秀才也脱口说：“右边有，左边无；后面有，前面无；凉天有，热天无。”刘秀才也高兴地接下去：“哭者有，笑者无；骂者有，打者无；活者有，死者无。”说完，几位秀才发出会心大笑。

你知道是什么字吗？

提升指数：★★☆☆☆

牧童指路

传说唐僧师徒四人去西天取经，历经千难万险。这一天，他们来到了一个十字路口，唐僧看看天色已晚，就说：“我们找个地方安歇下来，明日再赶路吧。”

孙悟空朝四面看看，不知哪里有人家。他正想驾起筋斗云上天去看看，忽然看见前面来了一个小牧童，正骑在牛背上，吹着笛子缓缓走来。悟空连忙过去问：“请问附近可有人家？”牧童没有回答，而是跳到地上，用树枝在地上写了一个“朝”字，然后又擦掉了一半，只留下“月”字。唐僧他们都看不出这是什么意思，只有悟空明白了，对牧童连连道谢。那么，这个牧童写的字是什么意思呢？

提升指数：★★☆☆☆

曹雪芹解谜助人

清代有个文学家，名字叫曹雪芹。有一天他正在散步，忽然看见有个女子，一边走一边哭，便过去问原因。原来，她的婆婆受坏人挑拨，经常打她骂她。这次她要回娘家，婆婆就故意刁难她，要她带一样东西回来，否则不能进门。

婆婆要的东西，藏在一个谜语里："大圆球，满天红，里面住条小火虫，白天火虫睡人觉，晚上火虫闹天宫。"媳妇怎么也猜不出来，急得哭了。曹雪芹安慰了媳妇，告诉她谜底，还教她一个新谜语。媳妇回到婆家，对婆婆说："你要的东西我带回来了，它是：打我我不恼，背后有人挑，心里似明镜，照亮路一条。"婆婆一听，媳妇不仅猜出了谜底，还通情达理，知道是自己委屈她了。你知道这样东西是什么吗？

提升指数：★★☆☆☆

有趣的"谜吃谜"

明末清初，江苏才子吴亮与友人尤安同游山水。吴亮出上联："卧也坐，行也坐，立也坐，坐也坐。"要尤安猜一田间小动物。尤安对下联："坐也卧，行也卧，立也卧，卧也卧。"且说："我的谜能吃掉你的谜。"你能猜出这两种小动物吗？

提升指数：★★☆☆☆

物中谜，谜中物

有一天，苏东坡正闲着，他的好朋友王安石来拜访，两人聊了一会儿，又有一位好朋友陈季常也来了。苏东坡可高兴啦，连忙叫人摆开酒席，三个好朋友一边喝酒一边聊天。

三个好朋友都有一个爱好，就是猜谜。所以，聊了一会儿，话题就转到了猜谜上面。苏东坡说："我昨天刚造了一个谜，你们猜猜看：脸儿亮光光，放在桌子上。你俩跑过来，请它留个像。"陈季常听了，也开口念道："你对我笑，我对你笑，我也寻你，你不见了。"王安石紧接着吟起来："我哭你也哭，我笑你也笑，要问它是谁，咱仨都知道。"话音刚落，三人都哈哈大笑起来。

"咱仨都知道"的它，到底是什么东西呢？

提升指数：★★☆☆☆

智破暗语

有一天，侦察员小王看见他所监视的一个敌特突然把一个东西放在一棵老樟树的树洞里。等敌特走后，小王仔细查看树洞里，发现一个小纸团。小王打开一看，上面写着四句话：

主人不点头，
十人一寸高，
人小可腾云，
人皆生一口。

小王看过纸团以后，仍搓成一团照样放进树洞里，立刻赶回向首长报告。当天，一批敌特鬼鬼祟祟地钻进了我方早已布好的包围圈，一个个束手被擒。

你知道树洞中的纸条上写的是什么内容吗？

提升指数：★★☆☆☆

接货时间

S市公安局截获了一份神秘的电文："朝：货已办妥，火车站交接。"经过周密分析，认定这是一伙犯罪分子在进行一项秘密交易，公安局立即召开会议，决定抓获这批犯罪分子。可是这份电文只有接货地址，没有接货的具体时间，使破案无从着手。

警长沉思片刻后，向大家说出罪犯的接货时间，根据警长的判断，果然在这天抓获了一个大走私集团。你能破译这份电文吗？

提升指数：★★☆☆☆

奇怪的电报

某县是全国有名的产粮大县。不久前，第八粮库中有一批大米被盗。县公安局的侦察员在破案的过程中，发现邮局里有人拍了一份电报，电文仅仅是"1、2、6、3"四个数字。侦察科长李德华分析情况后，立即布置了暗哨。终于将盗窃分子一网打尽。

你知道侦察科长是怎样发现线索的吗？

提升指数：★★☆☆☆

猜哑谜

新春游艺会上，主持人请大家用封好口的一封信猜哑谜，并要求猜谜的人不准说话，做两个动作，猜一个成语和中国的一个地名。大家思考了一会儿，站在后排的小张分开人群，走到桌子前面，拿起信并撕开封口。主持人看了说："小张猜对了。"

他猜出的成语和地名是什么？

提升指数：★★☆☆☆

猜地名

地理课上，老师出了 8 个谜语，要求每个谜语打一个地名：日落西山、四季花开、海山绿洲、风平浪静、一路平安、大戈壁、夏天穿皮袄、航空信。这都是哪 8 个地名呢？

提升指数：★★☆☆☆

谜话三国

从前，有个土财主好卖弄学问。有一天，他正翻看《三国演义》，厨师笑笑说："老爷，不瞒你说，《三国演义》是我天天必读之书。就拿今天来说吧，我炒菜缺了四样作料，全在这书里面，所以我来看看！"财主听了半信半疑，他只知道《三国演义》里写的是曹操、刘备和孙权，还没听说过写有做菜用的作料呢。厨师说："东家，你听着——刘备求计问孔明，徐庶无事进曹营，赵云难勒白龙马，孙权上阵乱点兵。"财主眼翻了半天，也没能猜出来。

你能猜出厨师缺哪四样作料吗？

提升指数：★★★☆☆

"新年快乐"成语方阵

在下面的空格内填上适当的字，使其横读每组成为两条成语，共计 16 条成语。

			新	年			
		新			年		
	新					年	
新							年
快							乐
	快					乐	
		快			乐		
			快	乐			

提升指数：★★★☆☆

八仙过八江

"八仙过海，各显神通"，但是他们这次却是逛了八条江河，七仙女见他们兴高采烈的，便问他们都到了哪些地方。

吕洞宾说："自古情思齐天地。"铁拐李说："红豆初发难知秋。"张果老说："世民泼墨勤书法。"汉钟离说："两岸放青牧鸭忙。"曹国舅说："昨夜浊梦匆匆去。"韩湘子说："今朝清歌玉盘妆。"蓝采和说："含苞欲放千姿美。"何仙姑说："洛阳一开百花羞。"

请问，你能说出这八条江的名字吗？

提升指数：★★☆☆☆

摆火柴，猜成语

（1）

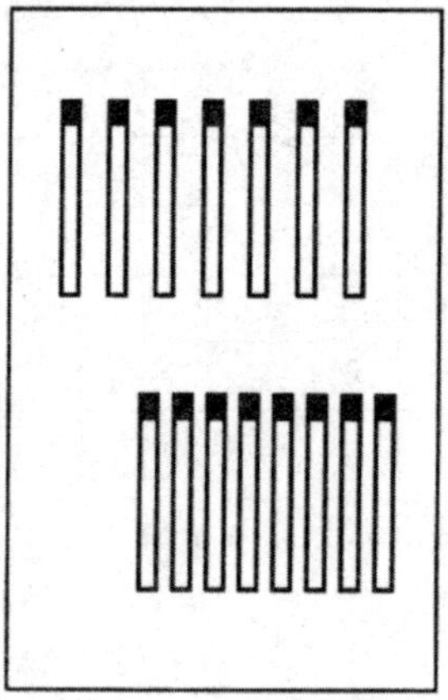

打一成语

（2）

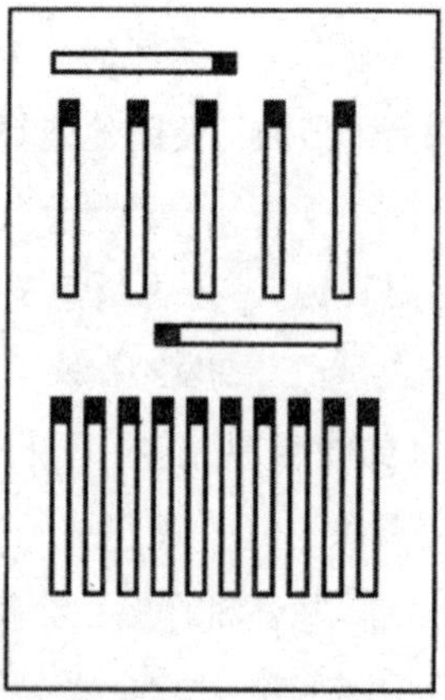

打一成语

（3）

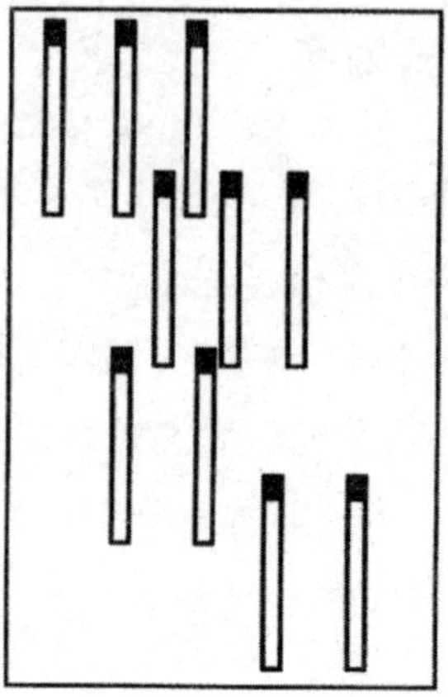

打一成语

提升指数：★★☆☆☆

离婚不可能

一位妇人向她的朋友抱怨说：“我们夫妇每件事都意见不合，所以一年到头吵个不停。我想离婚，你认为如何？”朋友考虑了一会儿说：“这不太可能。”请问朋友为什么说“不太可能”呢？

提升指数：★★☆☆☆

猜字游戏

下图是由 18 根火柴拼成的 6 个“三”，但如果在每个“三”字上添上 3 根火柴，它就会变成 6 个汉字。

试试吧，这个太容易了！

提升指数：★★★☆☆

数字成语谜

以下每一行数字皆为一句成语，猜猜看吧！

（1）510

（2）333555

（3）12345609

（4）1256789

（5）23456789

（6）33

提升指数：★★☆☆☆

加法等式成语谜

以下每一行等式皆为一句成语，试试吧！

（1）9 寸 +1 寸 =1 尺

（2）7 分 +8 分 =1000 元

提升指数：★★☆☆☆

乘法等式字谜

$18\times6=?$

打一字

提升指数：★★★☆☆

乘法等式成语谜

（1）$1\times x=x$

打一成语

（2）$1\times1=100$

打一成语

（3）$1000^2=100\times100\times100$

打一成语

提升指数：★★★☆☆

除法等式字谜

（1）？÷森 =3

打一字

（2）多多多多 ÷2 = ？

打一字

提升指数：★★★☆☆

除法等式成语谜

(1) 1/2

打一成语

(2) 2/2 =1

打一成语

(3) 7/2 =3.5

打一成语

提升指数：★★★☆☆

等式字谜组

(1) 吾 - 吕 = ?

(打一字)

(2) (杏 - 吕) ÷2 = ?

打两个字

提升指数：★★★☆☆

不等式字谜组

(1) 1 +1≠2 (打两个字)

(2) 1 -1≠0 (打一字)

提升指数：★★★☆☆

字母谜语

(1) W

打一成语

(2) q (1e) i

打一成语

(3) zhang

打一成语

提升指数：★★★☆☆

拼音谜语

(1) dìng

打一成语

(2) pò

打一成语

(3) zhī

打一成语

提升指数：★★★☆☆

图文成语谜

打一成语

提升指数：★★★☆☆

符号谜语

+ − × ÷

打一字

提升指数：★★★☆☆

答案及解析

“百担榆柴”

“百”与“柏”同音，鬼谷子说的是“柏担榆柴”，而不是“百担榆柴”。

“上”“下”之谜

谜底是个“一”字。

孔子猜字谜

是“仲”子，一“人”加一个“中”，是孔子的名字“仲尼”中的一个字。

传统数字镶边谜

丫、夫、泪、署、伍、兵、它、分、究、杂。

苏轼对谜

“雨”的下面“山”倒了，就是一个“雪”字。

唐伯虎卖画

画上的一人一犬正好是个“伏”字。年轻人一下子趴在地上，也是一个“伏”。唐伯虎佩服年轻人才思敏捷，就以画相赠。

郑板桥出谜

郑板桥咏的是水壶。

祝枝山写春联

祝枝山把春联改念成：明日逢春好，不晦气；终年倒运少，有余财；此地安，能居住，其人好，不悲伤！

冯梦龙宴客

冯梦龙要的是酒桌。

纪晓岚妙对

佛笑我不能成佛。

纪晓岚与“竹苞堂”

“竹苞”二字拆解以后就是“个个草包”。

王安石谜语选秀才

王安石所说谜语的谜底就是

"用"字。

秀才猜谜

答案是个"口"字。

牧童指路

"朝"字去掉左边，就是"朝左边去"的意思。

曹雪芹解谜助人

原来女子的婆婆要的是灯笼。

有趣的"谜吃谜"

吴亮的谜语是青蛙，尤安的谜语是蛇。

物中谜，谜中物

谜底是镜子。

智破暗语

洞中的纸条上写的是"王村会合"。

接货时间

"朝"拆开为"十月十日"，又有早晨之意，所以老王判断，接货时间为"十月十日早晨"。

奇怪的电报

"1、2、6、3"即可唱成"都来拉米"。

猜哑谜

信手拈来，开封。

猜地名

洛阳、长春、青岛、宁波、旅顺、长沙、武汉、高邮。

谜话三国

缺算（蒜），少言（盐），无缰（姜），短将（酱）。

"新年快乐"成语方阵

如图所示：

万	象	更	新	年	富	力	强
世	说	新	语	三	年	五	载
喜	新	厌	旧	人	寿	年	丰
新	陈	代	谢	亿	万	斯	年
快	马	加	鞭	助	人	为	乐
大	快	人	心	幸	灾	乐	祸
乘	龙	快	婿	其	乐	无	穷
先	睹	为	快	乐	不	可	支

八仙过八江

长江、嫩江、黑龙江、鸭绿江、浑江、珠江、松花江、牡丹江。

摆火柴，猜成语

（1）七上八下

（2）一五一十

（3）三三两两

离婚不可能

根据妇人说的“我们夫妇每件事都意见不合”，如果她提出离婚，丈夫肯定反对；如果她的丈夫提出离婚，她肯定反对。所以她和丈夫不可能离婚。

猜字游戏

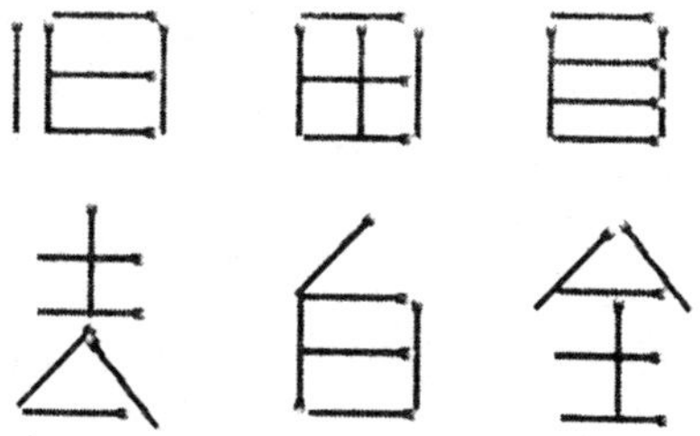

数字成语谜

（1）一五一十

（2）三五成群

（3）七零八落

（4）丢三落四

（5）缺衣少食

（6）靡靡之音

加法等式成语谜

（1）得寸进尺

（2）一刻千金

乘法等式字谜

校

乘法等式成语谜

（1）一成不变

（2）以一当十

（3）千方百计

除法等式字谜

（1）杂

（2）罗（“八个夕”的一半是“四个夕”，扣合为“罗”字。）

除法等式成语谜

（1）一分为二

（2）合二为一

（3）不三不四

等式字谜组

（1）品（“吾”即“五个口”，“吕”即“两个口”，“五个口”减去“两个口”等于“三个口”，即“品”字。）

（2）叭、只（“杏”即“十八口”。）

不等式字谜组

（1）王、丰；（2）三。

字母谜语

（1）一波三折

（2）乐在其中

（3）出口成章

拼音谜语

（1）一言为定

（2）一语道破

（3）总而言之

图文成语谜

乐在其中

符号谜语

坟

玩转思维

无法跨过的铅笔

放一支铅笔在地上，要使任何人都无法跨过，怎么做？

提升指数：★★☆☆☆

紧急避免的车祸

有一辆没有开任何照明灯的卡车在漆黑的公路上飞快地行使，天还下着雨，没有闪电、没有月光，也没有路灯；就在这时，一位穿着一身黑衣的盲人横穿公路！在这千钧一发之际，汽车司机紧急地刹车了，避免了一次恶性事故的发生。为什么会这样呢？

提升指数：★★☆☆☆

鹦鹉学舌

S 太太想买一只鹦鹉来陪她，但她想要一只会说话的。

“这只鹦鹉会说话吗？”S 太太问宠物店老板。

老板回答得很肯定：“这只鹦鹉会重复它听到的每一句话。”

于是 S 太太相信了，把鹦鹉买回家。但训练了几个月后，鹦鹉还是没有说过一句话。

老板是不是在撒谎，还是他有什么没说？

提升指数：★★☆☆☆

鸡蛋落下的方向

清晨，明媚的阳光照到了鸡圈

里。一只母鸡心情十分愉快，它先朝着太阳的方向飞奔了一阵子，又调头回到草堆转悠，接着向右边跑了一会儿，最后向左边的同伴跑去，忽然在草堆里下了一个蛋。

请问：母鸡下的鸡蛋应该是朝什么方向落下呢？

提升指数：★★☆☆☆

“坚硬”的鸡蛋

爸爸给儿子出了一道题：一山高800米，一人站在山顶上扔出一个鸡蛋，鸡蛋下落800米时完好无损，这是怎么回事？

“那山下是水，或是有海绵。”儿子说。

“不，山下是石头。”

这到底是怎么回事？

提升指数：★★☆☆☆

拿鸡蛋回家

扬扬和朋友们打完篮球，抱着篮球回家。路上，他突然想起妈妈嘱咐他回家时买些鸡蛋，于是他就转到菜市场买了十几个鸡蛋。

这个菜市场提倡环保理念，因此不给顾客提供塑料袋。扬扬既没有篮子，也找不到其他的工具，他应该怎么把这些鸡蛋带回家呢？

提升指数：★★★☆☆

妙运钢管

一次，一位工程师到国外去考察，回国时随身带了一根由特殊工艺制成的钢管，因为它正是国内的研究和试验所必需的东西。可直到工程师即将登上飞机的时候，才发觉该国航空公司规定随身携带的货物其长、宽、高都不准超过1米，而这根钢管直径虽然只有2厘米，但它的长度却有1.7米，是不允许被带到飞机上的物品。这可怎么办呢？工程师着急了。眼看着飞机就要起飞了，工程师突然想到了一条妙计，并很快顺利地把这根钢管带到飞机上，而且既没有损坏钢管，又没有违反航空公司的有关规定。

那么，这位工程师想到了一条什么样的妙计呢？

提升指数：★★★☆☆

吃草的两只羊

两只羊一只头朝东，一只头朝

西，沿公路边走边吃草，它们之间的距离却越来越小，这是怎么回事？

提升指数：★★☆☆☆

沉船不惊

某人有过这样一次经历：他乘坐的船驶到海上后就慢慢地沉下去了，但是，船上的所有乘客都很镇静，既没有人去穿救生衣，也没有人跳海出逃，却眼睁睁地看着这条船全部沉没。

这是为什么？

提升指数：★★☆☆☆

隧道里的火车

两条火车隧道除了隧道内的一段外都是盘旋铺设的。由于隧道的宽度不足以铺设双轨，因此，在隧道内只能铺设单轨。

一天下午，一列火车从某一方向驶入隧道，另一列火车从相反的方向驶入隧道。两列火车都以最高速度行驶，但它们并未相撞，这是为什么？

提升指数：★★☆☆☆

火车的位置

一列满载的火车，从沈阳开到山海关需要 7 个小时。那么，在列车乘客只有一半的情况下，行驶 3 个小时，这列火车应该在什么地方？

提升指数：★★☆☆☆

烟的方向

在长江上，一艘轮船正以时速 10 千米的速度前进，它冒出来的烟是笔直的。你认为会出现这种现象吗？

提升指数：★★☆☆☆

热水不见了

住在深山里的小静想吃速食面，她先把锅放到炉子上烧开水，这才发现面都吃完了，只好急匆匆到山下的超市去买。半个钟头后她回到家，把锅从火炉上拿下来。奇怪的是，热水一滴也没有了。她很生气地问："是谁把热水用完了？"可是大家确实都没有用热水。这是怎么回事？

提升指数：★★☆☆☆

车祸现场

马路上发生一起车祸，警察立即赶过去处理，虽然肇事司机全力相助，车上的人还是死了。按照司机的说法，此人并非死于车祸，而是因肺癌丧命。当时坐车的只有司机和死者二人，根本没有目击证人，但警察却立刻相信司机没有说谎。这是为什么？

提升指数：★★☆☆☆

安然无恙

有一个人想自杀，深夜带着一封遗书走在公路上。他看见对面有辆亮着两个前灯的车子正朝他开过来，于是，就紧闭双眼等车撞过来。车子呼啸而过，他一睁开眼，发现自己竟安然无恙地站在公路上。你想有这个可能吗？

提升指数：★★☆☆☆

问问题

一个人遇到了一位先知，先知允许他问两个问题。“不管我的问题多长，也算是一个问题吗？”先知回答：“是的。”他又问：“不管我的问题多短，也算是一个问题吗？”先知回答：“是的。”知道了这些后，这个人开始要问问题了。那么你猜他能问几个问题呢？

提升指数：★★☆☆☆

智者妙问

古代，有A、B两个相邻的国家，A国居民都是诚实的人，B国居民都是骗子。当你问一个问题时，A国居民会告诉你正确的答案，而B国居民给你的答案都是错误的。一天，一个智者独自登上了两国中的某个国家。他分辨不清这个国家是A国还是B国，只知道这个国家的人既有本国的居民又有别国的来客。他想问这里的人“这是A国还是B国”，却又无法判断被问者的答案是否正确。

智者动脑筋想了会儿，终于想出一个办法，他只需要问他所遇到的任意一个人一句话，就能从对方的回答中准确无误地断定这里是哪个国家。

你知道智者所问的是什么问题吗？

提升指数：★★☆☆☆

骗人妙术

在一个村庄里住着一位疑神疑鬼的人，他不相信任何人所说的话。一位智者听到了，就找到这个人对他说："我想要骗你！"这个人暗自偷笑，回答："要骗就来啊！"说完，更加自满起来。这位智者接着说："请等等，我先去准备一下再回来。"说完后，就回家了。你知道这位智者是怎样骗这个人的吗？

提升指数：★★★☆☆

谁最聪明

宝宝和贝贝都认为自己最聪明，谁也不服谁。一天，宝宝骄傲地对贝贝说："你说吧，你有什么本领？你能做到的我都能做到！"贝贝想了想，说："我可以坐到一个地方，而你永远不能坐到那里。"宝宝很不服气，他立刻回答："不论你坐到哪里，我也能同你一样坐在那里，不然就算我输！"可是，当贝贝坐好以后，宝宝却只好认输了。猜猜看，贝贝坐到什么地方了？

提升指数：★★☆☆☆

分辨真花和假花

一个小村庄里，有一对靠养蜂为生的兄妹，兄妹感情非常好。一天，妹妹拿来两朵一模一样的花给哥哥看，她让哥哥分辨哪朵是真花、哪朵是假花。要求哥哥只能远远地看，不能用手去摸，更不能闻。

如果是你，你会怎么办？

提升指数：★★☆☆☆

捕杀极地熊

最初去南极的考察人员因为食物供应的问题，经常要挨饿，但他们从来不去捕杀极地熊，也没有人提出吃熊肉的要求，虽然他们都知道如何去捕杀极地熊。有人说这些考察人员有保护珍贵动物的意识，那你认为这是为什么？

提升指数：★★☆☆☆

所罗门王冠

一天，富商迪克在家中接到自称是"恶魔滑稽师"的电话。对方看上了他珍藏的"所罗门王冠"。

迪克听完脸色苍白。“所罗门王冠”是稀世珍宝，正收藏在他书房的保险柜里。保险柜是特制的，极其坚固。恶魔滑稽师挑衅地说，锁在柜子里不安全，今天将有人来取。

挂上电话后，迪克慌忙报了警。十几分钟后，警长率10名警察赶到，全面封锁了现场。

“所罗门王冠放在哪个保险柜里?”警长指着书房的保险柜问。

“平时总寄放在银行的保险柜里，因为明晚有个朋友想来看，才从银行取回来。趁你们在这里，还是确认一下好。”

迪克想证实恶魔滑稽师的话，一定要看“所罗门王冠”是否还在。迪克从保险柜里取出的王冠五光十色，光彩夺目。“太漂亮了!”警长不由得叫出声来。

突然，房间的灯熄灭了，四周一片漆黑，接着只听窗外一声枪响。警长向窗外大喊一声：“出了什么事?”屋内的人都拥向窗边。在外监视的警察慌张地报告：“角落里突然蹿出一个可疑的身影，朝天开了一枪就跑了。”

很快屋里又亮起来了。屋子里还是一样——一张颇为豪华的桌子和几个大沙发，以及同样的几个人。

就在这时，迪克惊叫起来：“所罗门王冠不见了!”放在桌子上的王冠确实不翼而飞了。“房间都锁着门，所有通道都有人把守……”对在场的5个人都仔细进行了搜身，没有发现王冠。

请问：恶魔滑稽师是如何从戒备森严的房间里盗走王冠的呢?

提升指数：★★☆☆☆

说谎的路程计数表

一位农民路过一个池塘时发现池塘里漂着一具尸体，他立即向警方报了案。在池塘旁的泥地上，警方发现了一些汽车的痕迹。很显然尸体是被人从别处运来的。

根据车痕，警方很快查到，车子是属于离该地10千米的一家车辆出租公司的。车辆出租公司的人翻查记录，证实是一个叫麦克的男子租了这部车。警方马上找到麦克，但麦克说他的车子只走了16千米，从出租公司到池塘有10千米，来回一趟汽车要走20千米，所以他根本就不可能是凶手。后经调查，发现这部车按路程计数表的读数计算确实只走了16

千米。麦克明明是杀人凶手，他用了什么诡计，改变了路程计数表的数字呢？

提升指数：★★☆☆☆

马尾巴的方向

民间有句谚语，叫“狗朝东，尾向西”。现以马为例。

有匹马走出马圈后，它向东长嘶一声，又调转头奔跑起来。后又右转弯飞奔；继而又向左飞奔；接着就地打了一个滚儿；接着又向西走了几步，开始低头在草地上吃起草来。请问现在这匹马的尾巴朝着哪个方向？

提升指数：★★☆☆☆

不是双胞胎

有两个女孩在同一所学校上学，长得一模一样，出生年月以及父母的名字也都一样。别人就问她们：“你们是双胞胎吗？”结果她们异口同声地回答：“不是。”这是怎么回事呢？

提升指数：★★☆☆☆

硬币如何落下

找一个广口瓶，将一根火柴棒折成“V”字形（不用完全折断，使一部分纤维连着），放在瓶口上，再取一枚比瓶口小一点的硬币放在“V”字形火柴棒上。

在不用手或者其他工具接触火柴棒及硬币的情况下，用什么办法能使硬币掉落到瓶子里呢？

提升指数：★★☆☆☆

游戏大转盘

游戏大转盘成了奸商发财的诀窍，玩法就是在一个转盘里放着十个写有字的纸团，但有九张是写着“死”，一张写着“生”。如果你可以抽到那张有“生”字的纸条，就可以拿到一千元的资金。如果抽到“死”的话，就得罚一千元。其实，蒙非知道里面全部都是“死”字，但他还是拿到奖金。

你知道蒙非是怎么做的吗？

提升指数：★★☆☆☆

花瓣游戏

有两个女孩摘了一朵有着13片花瓣的圆形的花，两人可以轮流摘掉一片花瓣或相邻的两片花瓣。谁摘掉最后的花瓣谁就是赢家，并以此来预测未来的婚姻是否幸福。实际上只要掌握一定的技巧，就能让自己永远都是赢家。

你知道怎样才能在这场游戏中取胜吗？先摘还是后摘？应采取怎样的技巧呢？

提升指数：★★★☆☆

奇怪的来信

一天，老王打开信箱，取出一封信。老王撕开信封看了看，吓了一跳。信上的邮戳日期是两天以前的，信里面却是一则今天早上的新闻。之前信封并没有被打开过的痕迹，老王怎么也想不通，你能帮老王想想这到底是怎么回事吗？

提升指数：★★☆☆☆

有几桶水

有一次，国王问身边的大臣：“王宫前面的水池里共有几桶水？”大臣们面面相觑，谁也回答不上来。国王非常恼怒。这时，有一个大臣说：“听说城东门有个孩子很聪明，人们都叫他‘小神童’，可以把他叫来问问。”

于是国王就派人把那个孩子找了来。那个孩子听完国王提出的问题，马上就说出了答案，国王满意地点了点头。

你知道这个孩子是怎样回答的吗？

提升指数：★★☆☆☆

压板的两端

这是夏天，压板一边是西瓜，一边是冰块，请问，一直这样放着，最后压板倾向哪边？

提升指数：★★☆☆☆

一共几只狗

在一个房间的四个角上各有1只

狗，每只狗对面各有3只狗，每只狗后面又各有1只狗，房间里一共有几只狗？

提升指数：★★☆☆☆

剩下几根蜡烛

点燃了10支蜡烛，一阵风吹过，灭了2支，又一阵风，又灭了1支。主人赶紧关上了窗子，从此后，剩下的蜡烛一直没有灭，请问，最后剩下几支蜡烛？

提升指数：★★☆☆☆

绳结何时被淹没

钱塘江涨潮时，场面非常壮观，观潮的人络绎不绝。七月的一天，正是潮水上涨的时候。在距钱塘江岸边不远的地方停泊着一只船，船上挂着一根打了结的绳子，结与结间隔25厘米，最下面一个绳结刚好接触到水面。

潮水以每小时20厘米的速度上涨，经过多长时间潮水可以淹没第四个绳结？

提升指数：★★☆☆☆

兔子的数量

一天，猎人墨菲斯托带着猎枪来到山里打猎。找了半天，终于在一片草丛里发现了9只兔子。墨菲斯托不慌不忙，拿起猎枪“砰”的就是一枪。结果当场打死了一只，还有一只奄奄一息了。那么请问，此时还剩下多少只兔子？

提升指数：★★☆☆☆

万能羊圈

一个印第安人有3只绵羊和3只山羊，他想给它们建造羊圈，并打算让自己的儿子来完成这件事情。他给了儿子12块大小和长度一样的隔板，让他搭建6个正方形羊圈，一只羊一个。

印第安人考虑到绵羊较大，山羊较小，因此，要求儿子搭建3个大羊圈，3个小羊圈，并且大羊圈的面积是小羊圈的2倍。儿子做到了这一点。

儿子的活儿刚完工，印第安人又突然变卦，要求儿子把大小羊圈的面积比例改成3∶1。儿子无奈，按父亲的要求作了调整。但不一会儿，印第安人又改变了主意，要求把羊圈由正方形改成长方形。这并没有难倒儿子，因为他找到了一种方法，能把这12块隔板搭建成6个羊圈，同时根据需要，能任意地改变它们的面积比例，或者由正方形改成长方形，或者再由长方形改成正方形。

想想看，这个儿子的方法是什么？

提升指数：★★☆☆☆

篡改的遗嘱

一个老人立下遗嘱，让他的两个继承人赛马，输的人得到全部遗产。赛马在约定的时间开始了，可两人都想方设法不让马过终点。为了打破僵局，裁判对规则做了一个小小的改动。根据裁判的主意，两人又开始比赛，先到达的得到了遗产。

如果所有人都在按规则做，那么这到底是怎么回事？

提升指数：★★★☆☆

遗产的去向

一天，一位年轻的妇女慕名来找警长，说了这样一件事：

“我伯父单身一人，他的财产约有10万元，保存在银行的金库里。然后他把钥匙留给我，留下遗嘱，死后将遗产留给我。上个月，我伯父病故，我到银行去取遗产，金库中只放着个信封。”说着，她从手提包中拿出那个信封。

这是一个极为普通的信封。上面贴着两枚陈旧的邮票，没有收信人的姓名、地址。

警长把信封拿到窗前明亮处对着光线照看，一无所获。警长沉思片刻，笑着说：“小姐，请放心，你的遗产安然无恙。”

那么，10万元的遗产在哪里呢？

提升指数：★★☆☆☆

冷酷的丈夫

一天，德鲁伊捧着鲜花来到医院接他的未婚妻。医院的护士告诉他说：“对不起，你的未婚妻正在做手术。”　“什么手术？”德鲁伊问道。“是心脏手术。”但是德鲁伊却没有因为未婚妻在做手术而感到不安，反而在外边哼起了小曲。旁边的人都说他太冷酷无情了，那么，德鲁伊是不是真的很冷酷呢?

提升指数:★★☆☆☆

选择死法

在中世纪的欧洲,一个人犯了罪,按照法律应当判处死刑。这个人便向国王忏悔,请求国王的宽恕。国王说:“你犯的是杀人的死罪,不能饶恕。不过,为了表示我的仁爱,我可以允许你选择一种死法。”罪犯听了,非常高兴地对国王说:“我选择这种死法。”国王听了,后悔不已。但是国王金口玉言,也不能反悔了,只好无奈地点点头。那么,这个罪犯究竟选择了什么死法呢?

提升指数:★★☆☆☆

没湿的头发

一个下午,风雨交加,杰克独自走在路上。他既没有撑伞,也没有穿雨衣、戴帽子。然而奇怪的是他在路上走了 20 多分钟,他的头发却一点儿都没有湿,这是怎么回事呢?

提升指数:★★☆☆☆

洞穴的秘密

明理是一个寻宝爱好者。他听说有一个洞穴里面藏着无数稀世珍宝,于是就慕名前往。到了一看,果然如传说的那样,有一个又大又黑的洞穴,而且洞口还有很多脚印的痕迹。但是,明理看到这些脚印不是进去,而是转身往回走。要注意的是,他身上带的装备很全,不是忘记了什么。那么,这是怎么一回事呢?

提升指数:★★☆☆☆

失窃的邮票

在美国旧金山举办的一次世界邮票大奖赛上,尽管有科学严密的保安措施,获得二等奖的一枚价值很高的邮票还是被人乘乱偷走了。

作案人就是世界大盗杰克,他手法高超,行动诡秘,盗得邮票后,立即返回居住的一家廉价旅店。他自以为此次行动神不知、鬼不觉,哪想所有的行动全被监视。很快,警察们就包围了旅店,闯进杰克的房间。

旅店的条件很差,连窗都没有的房间里除了一台密封式的呼呼开着的电扇外，只有非常粗糙的床、柜、桌、椅。杰克斜靠在床上，若无其事地打量着警察。据米勒介绍，杰克一路上并未同谁联系，也未停顿。回来后一直没人找他，他也从未离开过房间。显然，邮票肯定在房间里。然而，警察搜遍了杰克全身和房子的每一个角落后，仍然一无所获。

没办法，旧金山警察局请来了著名的神探亨特。亨特仔细了解了整个案情，然后走进杰克房间四面审视了一番，忽然指着一处说："邮票就在那儿！"警察们上前一搜，轻易地就取到了杰克偷的邮票。

请问，你知道杰克偷窃的邮票藏在哪儿吗？

提升指数：★★★☆☆

叔父的遗产

有一位在国际上享有盛名的画家，将不久于人世。他在这个世界上只有一个亲人，就是他一直视如己出的侄子。他希望在自己死后给侄子留下一笔遗产，于是找来一位律师朋友，委托他在自己死后将一个信封交给侄子。

过了一个月，画家去世了。律师遵照画家的嘱托将信封交给画家的侄子，说里面是叔父留给他的遗产。

侄子打开信封一看，发现里面除了一张以花草为背景的信纸外什么也没有，信纸上面写着："你手上的东西就是我留给你的价值连城的财产。"最后是叔父的签名和落款日期。侄子望着律师，不明白叔父的意思。

聪明的读者，你知道画家给侄子留下的价值连城的遗产是什么吗？

提升指数：★★☆☆☆

空水壶

有这样一个水壶，装得满满的时候足有 8 千克重。按照我们正常的喝法，一口只能喝半杯。可是小明却说他能在 10 秒钟内就把水壶变空，请问他能做到吗？

提升指数：★★☆☆☆

哪颗星

一个晴朗的夜晚，和也和小兰坐在屋顶上看星星。这时，和也指着夜空说："小兰，有这样一个星球，当你扔出一块石头后，在没有碰到任何障碍物的情况下，石头只在空中飞行了一段距离后就在半空中停顿，然后再向你的方向飞回来，猜猜这是哪个星球？”读者朋友们，你也来猜猜？

提升指数：★★☆☆☆

多少度的角

黑板上画着一个45°角，透过可以放大10倍的放大镜来看，这个角是多少度？

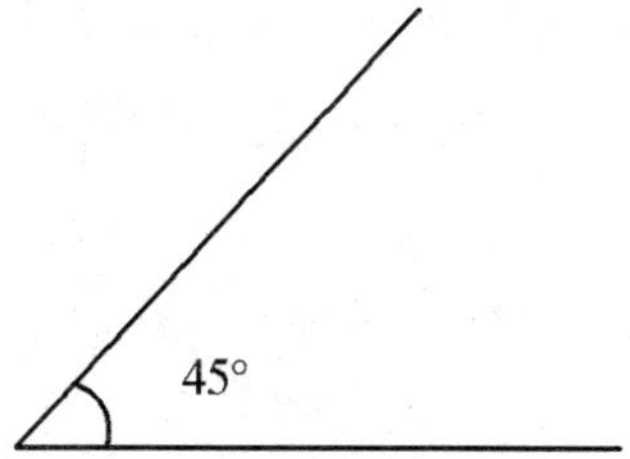

提升指数：★★★☆☆

谁可能是罪犯

在一桩杀人案中，×先生因涉嫌犯罪被逮捕。他用的枪为个人所有，并且枪上只有他一个人的指纹。而×先生本人也无法找出犯罪时不在场的证明，而且他确实有充分的杀人动机。可负责这个案件的侦探坚信×先生绝对不是罪犯。为什么呢？

提升指数：★★☆☆☆

轻松发财

甲乙两国相邻，两国人经常相互往来。甲国为了保护自己的利益，宣布：“乙国的100元钱在我国只相当90元。”乙国不甘示弱，立即声明，“甲国的100元在我国只相当90元。”住在国境边上的一个聪明人闻讯大喜，很快发了一笔大财，他怎么做呢？

提升指数：★★★☆☆

难答的问话

有一句问话，你可以提问，但永远不会使被问者当场回答“是的”这两个字。这句问话是什么？

提升指数：★★☆☆☆

神奇的戒指

在刚度完蜜月回来的新婚夫妇的房间里，竟发生了一件奇怪的事。

太太说：“亲爱的，你送我的钻戒掉到红茶里去了。”

丈夫说：“没关系，我用汤匙把它舀起来。”

钻戒又戴回到妻子的手指上，可

是钻戒竟然没有一点湿的痕迹。这究竟是怎么回事？

提升指数：★★☆☆☆

孙膑请师出屋

鬼谷子出了个题目考验孙膑和庞涓两人，看谁有办法请他出门。庞涓威逼利诱，想尽方法使鬼谷子出来，甚至说要烧房，鬼谷子笑言：“这是我的唯一身家，你还没接近，我就飞剑取你性命了。”庞涓束手无策。轮到孙膑想办法了，孙膑说出了自己的办法，鬼谷子果然自己走了上去。这是什么办法呢？

提升指数：★★★☆☆

孙膑吃馒头

鬼谷子对徒弟孙膑和庞涓说：“这里有五个馒头，你们每人每次最多只能拿两个，吃完了才准再拿，现在你们比赛看谁能多吃到馒头。”话声未落，庞涓就抢先抓起两个馒头大吃起来。孙膑已慢了一步，而且一向没有庞涓吃得快，但他最后却赢了，你能想出孙膑怎么赢的吗？

提升指数：★★☆☆☆

哥伦布的鸡蛋问题

哥伦布发现美洲之后，有一绅士对哥伦布表示不服气，说：“你不过只是保持向西的航向，一直航行过去罢了，这一点随便什么人都可以做到。”哥伦布听了，从盆子里拿起一个煮熟的鸡蛋，说：“亲爱的先生，你能不能设法让这个鸡蛋直立在桌面上呢？”那位绅士费了一番心思，怎么也不能让鸡蛋直立起来，弄得面红耳赤。哥伦布见了，接过鸡蛋，一下子就使鸡蛋直立在桌上。你知道哥伦布直立鸡蛋的方法吗？

提升指数：★★☆☆☆

以牙还牙

安徒生是丹麦著名的童话作家。他生活很俭朴，常戴着破旧的帽子在大街上行走。有一次，一个行路人嘲笑他：“你脑袋上边的那个玩意儿是什么？能算是帽子吗？”

面对这样的侮辱，安徒生予以了巧妙而犀利的回击，你能猜出他是怎么回击的吗？

提升指数：★★☆☆☆

机智追问

寓言家拉·封丹习惯于每天早上吃一个土豆。一天，他把热土豆放在饭厅的壁炉上凉一凉，便离开了。当他回头来拿时，土豆没有了。于是他大声喊道："哎呀！我的上帝，谁把我这里的土豆吃了？"

新来的仆人匆匆走过来说："不是我。"

拉·封丹知道肯定是他吃的，就故意说："那就太好了。"

"先生为何这样说？"仆人很是疑惑。

拉·封丹此时说了一句话，仆人顿时吓得面如死灰，连说"快救救我"。拉·封丹用一句什么样的话吓住了仆人？

提升指数：★★☆☆☆

妙语解嘲

有一年愚人节，有人为了愚弄马克·吐温，在纽约的一家报纸上登启事说他死了。结果，马克·吐温的亲戚朋友从全国各地纷纷赶来吊丧。当他们来到马克·吐温家的时候，只见马克·吐温正坐在桌前写作。亲戚朋友先是一惊，接着都齐声谴责那家造谣的报纸。马克·吐温毫无怒色，幽默地说："报纸报道我死是千真万确的，不过……"说完，大家都笑了起来。

你猜他说的什么？

提升指数：★★☆☆☆

心口不一

有一次，马克·吐温与一位夫人对坐。他对她说："你真漂亮。"夫人高傲地回答："可惜我实在无法同样地称赞你。"马克·吐温毫不介意地笑笑说："没关系……"

马克·吐温用一句话就委婉地否定了自己刚才的话。你知道他是怎么说的吗？

提升指数：★★☆☆☆

妙语反驳

音乐家西贝流斯与一位非常有名的但有些刻薄的批评家在公园里散步。这时，几只小鸟正在枝头上歌唱，两人情不自禁地止步倾听了一会儿。忽然批评家指着小鸟说："它们才是这世上最有才能的音乐家。”说着望着西贝流斯嘲讽地笑了一下。刚好，这时一只乌鸦叫着飞了过来，西贝流斯指着乌鸦对批评家说了一句话，批评家十分尴尬，再也不敢取笑西贝流斯了。

请问，西贝流斯说了一句什么话？

提升指数：★★☆☆☆

幽默应对

阿凡提在一个很吝啬的财主家干活。有一天财主叫阿凡提去买酒，却只给他一个空瓶子。阿凡提看了看空瓶子说：“钱呢？”财主狡黠地说：“不拿钱能买到酒才算有本领！”阿凡提听了之后，立刻走了。过了一会儿，阿凡提回来了，财主以为阿凡提真的买回了酒。可是到了喝酒的时候，财主发现瓶子是空的，大怒：“怎么没酒？”阿凡提说了一句话，财主听了哑口无言。

请问，阿凡提是怎样回答财主的呢？

提升指数：★★☆☆☆

巧妙反击

一天，阿凡提和同伴在一起吃西瓜。他很渴，坐下就大吃起来，同伴想取笑他，把西瓜皮都扔到了他身边，吃完西瓜后，一个人说道：“瞧！阿凡提多馋！西瓜皮剩下了一大堆。”于是大家捧腹大笑起来。阿凡提只说了一句话，表示他们比自己更馋。

亲爱的朋友，你知道他是怎么说的吗？

提升指数：★★☆☆☆

反用其道

一天，财主拿出了一块布料，来到阿凡提开的染布店，说道：“阿凡提，给我这块布染色。”阿凡提问他想要什么颜色，财主刁难道：“我不要白色的，不要黄色的，不要蓝色的，也不要红色的，更不要黑色的……”他把所有的颜色都说了一遍，故意为难阿凡提，聪明的阿凡提想了一下说：“不要紧，到时来取吧！”财主连忙问：“什么时候？”阿凡提巧妙地回答了一句，让财主悻悻而归。请问，阿凡提是怎样回答财主的呢？

提升指数：★★☆☆☆

锅死了

有一天，阿凡提家里的锅烂了，就去借财主巴依的。坏心眼儿的财主想："我把我家最小的锅借给他，看他怎么办。"过了几天，阿凡提送还时又多了个锅，财主问怎么回事，阿凡提说："你的锅在我家时刚好又生了个锅，我也把它带来了。"

又有一天，阿凡提又来借锅，财主想起了上件事，就把最大的锅借给他。过了半月，财主见他还不送还，就去问他说："我的大锅呢？"阿凡提说："你的大锅死了。"

"死了？锅怎么会死呢？"财主又气又急地问道。

阿凡提巧妙地答了一句，使财主哑口无言。请问阿凡提是怎样回答的？

提升指数：★★☆☆☆

证明"清白"

大音乐家瓦格纳的学生、奥地利作曲家胡戈·沃尔夫，37 岁时精神失常，被送进一家精神病院。

"那只钟有毛病吗？"作曲家指着医院餐厅里挂着的一只钟问道。

"它走得很准。"服务员回答说。

沃尔夫又问了一个问题，巧妙地证明了自己是"正常"的，不应该进精神病院。你知道他是怎么说的吗？

提升指数：★★☆☆☆

我和你

德国著名诗人海涅是犹太人。一次，有个人想捉弄他一下，便对他说道："我去过一个小岛，那岛上什么都有，只缺犹太人和驴了。"面对这样带有侮辱性的语言，海涅只平静地说了一句话，那人听了之后立马灰溜溜地走了。请问海涅是怎样反击的？

提升指数：★★☆☆☆

第二个问题

美国前总统林肯少年在校读书时聪慧过人，有一次老师想难住他，问他说："林肯，我想考考你，你愿意考一道难题呢，还是考两道容易的题目？""考一道难题吧。""好吧，那么你回答，"老师说，"鸡蛋是怎么来的？”“鸡生的呗。”林肯答道。“鸡又是哪来的呢？”老师想将林肯引入“鸡生蛋，蛋生鸡”这个纠缠不清的问题的陷阱，没想到林肯以一句机智的回答巧妙地避开了。

请问，林肯是怎么回答的？

提升指数：★★☆☆☆

我恰好相反

德国诗人歌德在公园里散步，在一条仅能让一个人通行的小路上和一位批评家相遇了。“我从来不给蠢货让路。”批评家说。歌德也说了一句话，笑着就退到了路边。

请问，歌德是怎样回敬这位批评家的？

提升指数：★★☆☆☆

双生子

新学期开始第一天，一年级的新同学中有两个孩子长得一模一样，出生年月日和父母的名字也完全相同。老师问：“你们是双生子吗？”两个人却都回答“不是”。为什么？

提升指数：★★☆☆☆

猎人打雁

一个猎人出去打猎，天黑才回家。他的妻子问他：“你今天打了几只雁？”猎人说：“打了 9 只没尾巴的，8 只半个的，6 只没头的。”他的妻子莫名其妙。这位猎人到底打了几只雁呢？你算一算。

提升指数：★★☆☆☆

裁缝剪布

有一块 16 米长的布，裁缝每天剪下 2 米做衣服，你知道过多少天他才能剪下最后一块吗？

提升指数：★★☆☆☆

巧倒豆豆

先将绿豆倒入袋子里，用棉绳绑紧袋子的中间，接着倒进红豆。然而，在没有任何容器，也不能将豆子倒在地上或其他地方的情况下，要如何将绿豆移入另一个空袋子中呢？

提升指数：★★★☆☆

过　河

这是一道古老的题目，据说其创作年代可追溯到公元8世纪。

一个农夫要带他的羊、狼和白菜过河，可是他的小船只能容下他以及他的羊、狼或白菜三者之一。如果他带狼走，留下的羊将吃掉白菜；如果他带白菜走，则留下的狼会将羊吃掉；只有当人在的时候，白菜和羊才能与它们各自的掠食者安全相处。

试问：农夫要怎样做才能把羊、狼和白菜都带过河？

提升指数：★★★☆☆

过　桥

一条湍急的河上，只有一座独木桥，只能同时容一个人通过。一天，有两个人同时来到桥头，一个从南面来，一个要向北去，而二人都要过桥，互不相让。请问他们要怎么过去？

提升指数：★★☆☆☆

巧过独木桥

妞妞与挑着扁担的爸爸过独木桥，走到桥中间时，迎面走来一位小男孩。妞妞和这名男孩谁也不肯退让，她的爸爸无论怎么劝说，两人仍旧坚持己见，于是他急中生智，想出了一个办法，使他们都能顺利过桥。

究竟妞妞的爸爸是怎么办到的呢？

提升指数：★★☆☆☆

巧取王冠

一位记者应邀出席阿拉伯国王的招待会时发生了一件事情。国王在15米见方的豪华地毯正中放了一顶金光闪闪的王冠。

“各位，谁能不上地毯就拿到这顶王冠？只能用手，不准用其他任何工具。谁能拿到，就把它作为礼物送给谁。”

人们全都聚在地毯周围争先恐后地伸出手，但谁也够不到。这时，这位记者微笑着说：

“好吧，我来试试！”说着，他便轻而易举地拿到王冠。

记者是用什么办法取到王冠的呢？

提升指数：★★☆☆☆

摘苹果

从前，有一个没有双眼的人在赶路。走了很久，饥渴难耐，突然他看见路边有一棵苹果树，上面还结着几个苹果。于是他就走过去摘下几个，而又给树的主人留下了几个。请问，他是怎么做到的呢？

提升指数：★★☆☆☆

买剪刀

一天，一个哑巴来到商店买钉子。他先用右手食指立在柜台上，然后左手握拳做出向下敲击的动作。售货员给他拿来了一把锤子，哑巴摇了摇头，于是售货员明白了原来他是要买钉子。哑巴买了钉子后高兴地走了。不一会儿，商店又来了一个瞎子，他打算买一把剪刀，请问他应该怎么做才能让售货员明白？

提升指数：★★☆☆☆

拴苹果

6 个苹果，用一根 5 米长的绳子，每隔 1 米拴 1 个，正好。现在吃掉了 1 个苹果，要求还用这根绳子，仍然是每隔 1 米拴 1 个苹果，绳子不剩，应该怎样拴？

提升指数：★★★☆☆

过桥洞

船顺水而下，通过一座桥洞时，发现货物装得多了一点，约高出 2 厘米。若要卸掉一些货物吧，无奈货物是整装的，一时无法卸下。有什么办法能够不卸货，使船通过呢？

提升指数：★★☆☆☆

黑夜读报

在一个漆黑的夜晚，约翰正在自己的房间里看报纸。突然停电了，屋里顿时漆黑一片，伸手不见五指。但是，约翰似乎根本没有受到停电的影响，仍然在那儿聚精会神地读报。这到底是怎么回事呢？

提升指数：★★☆☆☆

夜半敲门

在未来的某一天夜里，地球上唯一存活下来的女人正伏在书桌旁准备写遗书。就在这时，突然听见外面传来“笃笃”的敲门声。可是，此时人类之外的所有动物都已经死光了，也不是被风吹起的石头打在门上的声音，更不可能是外星人来入侵地球。那么，这就奇怪了，到底是谁在敲门呢？

提升指数：★★☆☆☆

反身开枪

有一个刚刚参军的新兵刚学会开枪。现在连长要求他用眼罩把眼睛蒙上，手中握一支枪，并把他的帽子挂起来，让这个士兵向前走了 40 米，然后反身开枪，要求子弹必须击中那个帽子。那么，这个新兵要怎么做才能一定击中那个帽子呢？

提升指数：★★☆☆☆

挑瓜过桥

有一个人挑一担西瓜要过桥去，桥宽 1 米，河水离桥面 0. 5 米，桥能承受 100 千克的重量，可是，挑瓜人体重 60 千克，两筐西瓜，每筐重 25 千克，怎么才能一次把两筐西瓜挑过桥？

提升指数：★★☆☆☆

洞中捉鸟

一只小鸟不慎飞进一个矩形小洞。小洞很狭窄，手臂伸不进去，若用树枝夹它，又要伤害小鸟。你能不能帮助想一个简便的办法，把小鸟从洞里捉出来？

提升指数：★★☆☆☆

寻找戒指

当你把 9 个外形完全相同、重量完全相等的包裹都封好口后，发现你的一枚戒指掉在其中一只包裹里了，而你不想把所有的包裹都打开。

只称两次，你能确定戒指在哪只包裹里吗？

提升指数：★★☆☆☆

死里逃生

有位国王定出一条法律：凡是罪犯处死前，叫犯人在木箱里抓阄，一个写着“生”，一个写着“死”。如摸到写“生”字的纸卷，当众就释放；如摸到写“死”字纸卷，就立刻杀头。有位正直的大臣遭到得宠宰相的诬告陷害而被强加了罪名。宰相为了使大臣在抓阄时没有生的希望，他用重金收买了掌管木箱的法官，法官同意两张都写死字。一个有正义感的仆人把这事告诉了狱中的大臣，大臣很感激他。抓阄的时间到了，法官把木箱放在国王面前，大臣泰然地走到木箱前，伸手摸了一张。可是结果呢，大臣并没有死，国王依据法律把他放了。请你猜一猜，大臣用什么办法免除一死呢？

提升指数：★★☆☆☆

酒鬼喝酒

有半瓶酒，瓶口用软木塞塞住。不敲碎酒瓶，不拔去塞子，也不准在塞子上钻孔，酒鬼如何将瓶内的酒喝光？

提升指数：★★☆☆☆

不让座

一个阳光明媚的周末，乘车出行的人很多。身体强壮的智刚上了一辆公交车后不久，车上就挤得满满的都是人。这时上来一位头发花白、走路微颤的老人，他就站在智刚的身旁左右摇晃，十分吃力。智刚是个热心的小伙子，很爱帮助人，但是这次他却没有给这位老人让座。这究竟是为什么？

提升指数：★★☆☆☆

筷子妙用

三根竹筷三个碗，每两个碗之间的距离都大于筷子的长度，三个碗之间怎样才能用筷子连起来？

提升指数：★★★☆☆

答案及解析

无法跨过的铅笔

放在墙边。

这个问题考查的是发散思维。

紧急避免的车祸

漆黑的马路是公路的颜色，当时是白天。

当看到这道题中“漆黑”两个字的时候，人们理所当然的就把它认为是用来形容黑夜的，这是惯性思维，要打破这种思维方式，才能更加有效地解决问题。

鹦鹉学舌

卖鹦鹉的老板没提这只鹦鹉是聋子。

鸡蛋落下的方向

鸡蛋当然是朝下落。

“坚硬”的鸡蛋

因为人有高度，鸡蛋落地的实际距离是山高加人高，落到 800 米时还没着地，当然不会摔坏。

拿鸡蛋回家

扬扬可以把篮球里的气放掉，把球的一面压瘪，使球呈碗形，然后把鸡蛋放在里面拿回家。

妙运钢管

工程师向乘务人员要了一个长、宽、高均为 1 米的货运箱子，然后再将钢管斜着放了进去，因为 1 米的立方体其对角线长刚好超过 1.7 米，所以自然就顺利地把钢管带上了飞机。

吃草的两只羊

两只羊同在路的一侧对着头吃草。

沉船不惊

他们坐在潜水艇里。

乍一看，这是一件不可思议的事情，但是在不可能中寻找可能，万事总有原因，万事总有特例，而潜水艇就是普通船只中的特例。

隧道里的火车

两列火车在不同的时间里驶入隧道。

按惯性思维，列车从相反方向以最高速度驶入单行隧道，它们是不可能不相撞的。但是，我们利用一下创新思维，注意一下命题中所给的时间限制是“一天下午”，一个下午的概念是六个小时。从中我们可以得到答案，两列火车到达隧道时的时间是不同的。

火车的位置

火车当然在铁轨上。

烟的方向

可能。如果当时的风向和风速与这艘船的方向、速度相同，那么对船而言，就相当于处于无风状态，这时烟会直直地往上冒。

热水不见了

因为全都变成水蒸气了。

车祸现场

因为司机是灵柩车的驾驶员，负责运送这位因肺癌去世的人。

安然无恙

这种情形是可能存在的。迎面而来的两个前灯分别是两辆车的，这两辆车从他的两侧通过。

问问题

他不能问任何问题了，因为他已经问了两个。

智者妙问

智者所问的问题是“你是这个国家的居民吗?”如果对方回答“是”，那么这个国家一定是 A 国；否则，这个国是 B 国。

骗人妙术

智者回家以后不再出门。智者说要骗他，但没骗他，这就已经把他骗了。

谁最聪明

贝贝坐到了宝宝的身上。

分辨真花和假花

打开窗户，让蜜蜂飞到房间里来，蜜蜂只采真花的花蜜。

捕杀极地熊

南极没有极地熊。极地熊是北极熊，并不生活在南极。所以即使他们想吃，在南极也吃不着，因为根本没有捕杀的机会。

所罗门王冠

恶魔滑稽师已事先潜藏在房中，他将沙发椅掏空潜藏在里面。其助手从窗户外见迪克从保险柜中取出了王冠，便拉下电闸造成停电，并以此为信号，指示另一同伙朝天开枪。

当屋内人都拥向窗边时，恶魔滑稽师乘机从沙发椅中悄悄钻出，拿到王冠后再回到沙发椅中，然后等警戒解除后，再悠然地钻出沙发椅逃走，这就是王冠从密室消失之谜。

说谎的路程计数表

路程计数表的千米数是可以改变的，所以路程计数表显示的数字并不可靠。通常路程计数表的转动分为机械式和传感器式，一般情况下在路程计数表附近巧妙地安装磁铁就可以轻松改变路程计数表的计数值。

麦克正是通过做这样的手脚改变了自己汽车的路程计数表，只可惜这一伎俩没能逃过警方的眼睛。

马尾巴的方向

马尾巴的方向当然是向下的。

不是双胞胎

这两个人是三胞胎或多胞胎中的两个人。

一提长得一模一样，我们就会习惯地认为这两个长得一模一样的人是双胞胎。这已经形成思维定势，因为双胞胎比较常见。但是，世界上还有三胞胎、四胞胎、五胞胎……这些都是应该充分考虑的。

硬币如何落下

在火柴棒上滴几滴水，使水分沿着木质纤维的导管渗进去；待火柴弯曲处的纤维受潮膨胀后，火柴棒自然就会渐渐伸直，硬币便可自动掉进瓶中。

游戏大转盘

蒙非抽完纸条后，没有打开，就把纸条吞下肚中，所以判断纸条上写的是什么字，只能看剩下的 9 张纸条了。但剩下的纸条里写的全是“死”，这就可以证明蒙非抓的字是“生”，所以奸商只能乖乖地奉上一千元钱了。

花瓣游戏

后摘者只要保证花瓣剩下数量相等的两组（两组之间）以被摘除花瓣的空缺隔开，就一定能赢得这个游戏。

比如，先摘者摘一片花瓣，则后摘者摘取另一边的两片花瓣，留下各有五片的两组花瓣。如果先摘者摘取两片花瓣，则后摘者摘取一片花瓣。同样形成那种格局。之后，前者摘除几片，后者就在另一组中摘除同样多的花瓣。

通过这种办法，直到最后那一步，她肯定能赢得最终胜利。

奇怪的来信

寄信人先用铅笔在收信人地址处写上自己的地址，然后随便在信封里装一张纸把信寄出去。等第二天信寄回自己家后，他用橡皮擦掉自己家的地址，再用钢笔写上老王家的地址，第二天再把当天早上的报纸装到信封里，封好直接丢到老王家的信箱里就能引起老王的误解了。

有几桶水

小孩回答：“要看是怎样的桶，如果桶和水池一样大，那就是一桶水；如桶只有水池的一半大，那就是两桶水；如桶只有水池的三分之一大，那就是三桶水……”

压板的两端

最后压板是平衡的。冰化完了，西瓜滚走了，压板还是老样子。

一共几只狗

4 只狗。

剩下几根蜡烛

3 支。因为别的全燃尽了，只有灭的那 3 支还剩在那里。

绳结何时被淹没

如果不考虑水涨船高绳也高的现象，那么潮水是永远都不会淹没第四个绳结的。

兔子的数量

兔子还有 2 只，一只是死的，另一只就是那只奄奄一息的，别的兔子都跑了。

万能羊圈

答案如图所示。

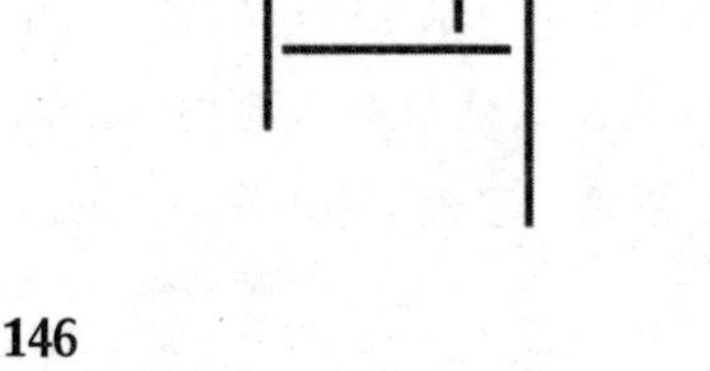

篡改的遗嘱

裁判让两人交换他们的马。

遗产的去向

遗产是两枚邮票。

冷酷的丈夫

德鲁伊的未婚妻是医生，正在给别人动手术。

选择死法

这个罪犯选了“老死”。

没湿的头发

杰克是个秃头，没有头发，当然不会湿了。

洞穴的秘密

明理看见了有很多进去的脚印，却没有出来的，所以就不进去了。

失窃的邮票

邮票贴在电扇的叶片上。

邮票贴在电扇的叶片上，叶片高速转动，肉眼看不清上面的邮票。加之窗门全闭，屋内温度很高，如果警察没有怀疑失窃的邮票贴在旋转的叶片上，是不会关上电扇的。由此，狡猾的窃贼自以为会蒙混过关。

叔父的遗产

遗产就是那张以花草为背景的信

纸，因为画家在国际上颇负盛名，而这张以花草为背景的信纸是他的最后一幅画，不久的将来会变得非常值钱。

空水壶

可以把水倒出来，题目并没有这么限制。

哪颗星

地球。

多少度的角

还是45°。角的度数是由角的两边张开的大小决定的。原来45°的角经过放大镜放大后是角的整体放大了，并没有改变角两边张开的大小，所以还是45°。

谁可能是罪犯

因为侦探本人是罪犯。

轻松发财

在甲国用90元换乙国的100元，收起10元后，在乙国用这90元换回甲国的100元，这样又得到10元……如此往复，永远以少换多，当然发财。

难答的问话

这句问话是："你睡着了吗？"

神奇的戒指

不是戒指神奇，而是因为戒指掉到红茶的茶罐里而非红茶水里。

孙膑请师出屋

孙膑说："我答题之前已经知道了题目，这对庞涓不公平，我虽然没办法让你走出来，却自信有本事让你走进去。"鬼谷子不信，中计出来了。

孙膑吃馒头

孙膑开始拿起一个馒头来吃。当庞涓吃完一个半时孙膑的那个已吃完了，他抓起剩下的两个慢慢吃起来。

哥伦布的鸡蛋问题

哥伦布拿起一个煮熟的鸡蛋，把大的一头（里面有空气泡的一头）往桌上用力"啪"地一放，蛋壳碎了一点，鸡蛋就稳稳当当地直立在桌面上了。

以牙还牙

安徒生回敬道："你帽子下边那玩意是什么，能算是脑袋吗？"

机智追问

拉·封丹说："我在土豆上放了砒霜，想用它毒老鼠。"

妙语解嘲

他说的是："只不过日期提前了

一些。”

心口不一

他说：“夫人，只要像我一样说假话就行了。”

妙语反驳

西贝流斯说：“它是最优秀的批评家。”

幽默应对

阿凡提说：“能从空瓶里喝到酒才算真本事。”

巧妙反击

阿凡提不慌不忙地说：“看来，我没有你们那么馋。要不你们怎么连瓜皮都吃下去了呢？”

反用其道

不是星期一，不是星期二……不是星期天。

锅死了

阿凡提说：“哎哟，我的好邻居，您既然相信锅能生儿子，怎么就不相信锅会死呢？”

证明“清白”

他说：“那么，它来这儿干什么呢？”

我和你

海涅说：“如果我和你去了，那就什么都有了。”

第二个问题

“老师，这是第二个问题了。”林肯这样回答老师。

我恰好相反

歌德对那个批评家说：“我与你不一样，我恰好相反！”

双生子

她们是双生女。

猎人打雁

一只也没打到。9 没有尾是 0，8 字的一半是 0，6 字去头也是 0。

裁缝剪布

过 7 天，因为剩下的一块不用剪。

巧倒豆豆

先把袋子上半部的红豆倒入空袋子，解开袋上的绳子，并将它扎紧在已倒入红豆的袋子上；接着把袋子的里面向外翻，再把绿豆倒入袋子。这时候，把已倒空的袋子接在装有红豆和绿豆的袋子下面，将手伸进绿豆里解开绳子，红豆就会倒入空袋子中，另一个袋子就只剩绿豆了。

过　河

由于狼会吃羊，羊又会吃白菜，所以先由羊开始解决，问题就简单了。步骤如下：

①先带山羊到对岸，只有农夫回来；

②再把狼带到对岸，把山羊带回来；

③把菜带到对岸，农夫回来；

④最后把山羊带到对岸。

这道题非常有名，由此衍生的趣题也很多。而且这种“渡河问题”出现的人物越多，玩法就越复杂，难度也就越大。

过　桥

从南来和向北去是同一个方向，他们可以一前一后过桥。

巧过独木桥

妞妞的爸爸将两位小孩放进扁担两边的箩筐中，只要转一个身，两位小孩就能互相调换位置，顺利过桥。

巧取王冠

把地毯从一端卷起来，接近王冠时伸手就能拿到了。

摘苹果

虽然没有双眼，可是他有一只眼睛。

买剪刀

瞎子可以说话，只要说出来就行了。

栓苹果

把绳的一头拴在另一头的苹果上，成一个圈。

过桥洞

只要在船上加些石块，使船下沉几厘米，就可以使船从桥下通过了。

黑夜读报

约翰是个盲人，他用盲文读报，当然不会受到停电的影响。

夜半敲门

敲门的是地球上的男人。

反身开枪

可以把帽子挂在枪口上嘛。

挑瓜过桥

把挑着的西瓜浸在河水里，就可以安全地过桥。

洞中捉鸟

把沙子慢慢往洞里拨进去，这

样，小鸟随着沙子面升高而回到洞口。

寻找戒指

先把包裹分成三个一组，取其中两组称。如果秤上有一组比较重，那么戒指在这三个包裹的一个里面；如果秤上两组一样重，那么戒指在另外三个包裹的一个里面。然后在三个包裹里取两个摆到秤上称，如果有一个比较重，那么戒指就在这个包裹里；如果两个一样重，那么戒指在不在秤上的那个包裹里。

死里逃生

大臣从箱中摸出一个纸卷，打开看一下，就扔进嘴里吃下去。吃完说："陛下，我摸到的是'生'字纸卷，不信你看箱里剩下的是'死'字纸卷。"一验证，果然如此。

酒鬼喝酒

把塞子塞进瓶里去。

不让座

因为智刚是这辆车的司机，实在没法让座。

筷子妙用

试一试，让三根筷子互相利用，跷起来就搭成一座桥把三个碗子连起来了。a 筷在 c 筷下、压着 b 筷；b 筷在 a 下、压着 c 筷；c 筷在 b 筷下、压着 a 筷。